أرشيفات المركز الدولي للدراسات والاستشارات والتوثيق – مداد (مصر)

الجزء الثاني

ملفات الشيعة السعوديين (2)

(أكثر من أربعين ألف كلمة)

إشراف: ممدوح الشيخ

الكتاب: أرشيفات المركز الدولي للدراسات والاستشارات والتوثيق – مداد (مصر) – الجزء 2.

إشراف: ممدوح الشيخ

3

هذه السلسلة

هذا الكتاب هو الإصدار الثاني من سلسلة "أرشيفات المركز الدولي للدراسات والاستشارت والتوثيق — مداد (مصر)"، وستصدر بمشيئة الله بالتتابع في ملفات مقسمة بحسب موضوعاتها. وهي خدمة نقدمها للباحثين والمؤسسات الأكاديمية والبحثية المهتمة بمختلف القضايا العربية.

ولاحقاً بإذن الله نستكمل الموضوع الأول "السعويون الشيعة"، ثم نوالي بمشيئته سبحانه وتعالى نشر ملفات قضايا أخرى منها: الهوية، الدولة، الجنس والجسد، ما بعد الدولة، ....

وعشرات القضايا الأخرى. كما ستتضمن ملفاتنا شخصيات وتشكيلات حضارية وثقافية.

والمادة منتقاة بعناية وموثقة.

ويمكن التواصل مع المركز في شأن طلب ملفات بعينها عبر البريد:

mmshikh@hotmail.com. كما يسعدنا تلقي ملاحظاتكم.

نسأل الله أن ينفع بها

مدير المركز (المشرف على السلسلة)

ممدوح الشيخ

5

شيعة الخليج.. لا فحم.. ولا فرقد

د. محمد الرميحي

ربيع العرب، إن صحت التسمية، ككل ربيع لا بد من عواصفه وأمطاره، إلا أن الفرق بين الطبيعة والإنسان، أن عواصف الأولى مؤقتة، مهما طالت، وعواصف الثاني مقيمة. من العواصف التي جاءت مع ربيع العرب محاولة دؤوبة للتفرقة الشائنة بين النسيج الاجتماعي، وإيقاع الخلاف – في طريق البحث عن الإنصاف الاجتماعي والسياسي – بين أهل الوطن الواحد. فمثلاً، بدلاً من أن تتوجه كل الأمور إلى بناء مستقبل أفضل من الماضي لجميع المواطنين، تطل برأسها الفتنة الطائفية والفئوية سعياً وراء التمزيق الطائفي والتناحر الوطني. هي في الأردن بين من هم من أصل فلسطيني وشرق أردني، وهما في الحقيقة فرعان لشجرة واحدة، وهي في مصر بين قبطي وبين مسلم، وقد عاشا قروناً معاً، وهي في سورية بين علوي وسني وإسماعيلي، وهي في تونس بين أهل الساحل وأهل الداخل، وهي في الخليج بين سني وشيعي. وتحوَّل البحث عن الحرية في ربيع العرب إلى نفي الآخر المواطن والطعن بولائه.

مقصد الكلام هو المثال الخليجي، شيعة الخليج عرب في معظمهم، ومن كان أصله من إيران تعرَّب جيلاً بعد جيل، وقد لا يعرف البعيدون أن هناك جماعات كثيرة أصلها عربي في إيران، ولا أقصد هنا أهل الأهواز المعروفين تاريخياً، ولكن أيضاً سكان شمال وجنوب غرب الهضبة الإيرانية، هم من أصول عربية سنية في الغالب، يسميهم أبناء الخليج بعد انتقالهم إلى الضفة الغربية منه بالهولة، وقد نزح منهم على مر القرن التاسع عشر والعقود الأولى للقرن العشرين حتى منتصفه، عدد كبير استوطن وقدم الكثير لرقي أوطان الخليج وبنائها.

الشيعة أيضا أسهموا مساهمة جليلة في الدفاع عن الوطن، المثال الأخير في تسعينات القرن الماضي عندما احتل النظام العراقي السابق الكويت، قدم أبناء الطائفة الشيعية، كما السنية، كمواطنين، الكثير من التضحيات واختلطت دماؤهم ببعض، دفاعاً عن الوطن. في البحرين في السبعينات من القرن الماضي صوتت نسبة كبيرة من أبناء البحرين، شيعتهم وسنتهم مع الاستقلال والعروبة. في شرق المملكة العربية السعودية، قامت في البداية أعمال النفط في المنطقة الشرقية على أيدي أبناء الشيعة في المنطقة الذين شاركوا إخوانهم في الضراء سابقاً وفي السراء لاحقاً، وكذا أبناء دول الخليج الأخرى. وهو أمر طبيعي في الهجرة والتنقل بين موانئ الخليج العربية والإيرانية الذي استمر قروناً، وفي كثير منه دون تدخُّل من السلطة الإيرانية في الداخل البعيد.

7

الهجرة والهجرة المضادة في مناطق التماس بين القوميات أمر طبيعي، حدث في كل مناطق العالم. ماذا حدث إذن كي تحاول بعض القوى اللعب في النسيج الاجتماعي؟ إنها السياسة لا أكثر، قلة مستفيدة تتبعها في بعض الأحيان كثرة مغيبة تؤجج المشاعر السلبية تحت شعارات شتى، ويفقد المجتمع شيئا من لحمته تمهيدا لتقطيع أوصاله بعد أن يفقد بعض عقله. لا أحد لديه شيء من العقل يدخل الجدل من الناحية العقيدية، لأن العقائد هي مسؤولية الفرد وعلاقته بربه، وقد كان ولا يزال أبناء الطائفة الشيعية يختارون مقلدا يستندون على فتاواه في شؤونهم وما يخصهم، وليس ذلك بجديد أن يكون هذا المقلد أو ذاك في مكان ما من إيران أو من مدن العراق، كالنجف وكربلاء.

والخلاف الفقهي، الذي طال قروناً، لن ينفع فيه تعصُّبٌ هنا وتعصُّبٌ مضاد هناك، الأفضل التعايش معه في إطار ما تم التعارف عليه من المواطنة الحديثة. محاولة التدليس في هذا الأمر من أخطر ما يمكن أن يحصل للنسيج الاجتماعي في الخليج، واللعب على المشاعر، أقلية هنا، تدغدغ مشاعرها وأغلبية هناك تثار مشاعرها، ذلك نوع من التدليس السياسي، وضرب إسفين الفرقة. لنعترف أن هناك أقلية، لأسباب سياسية، تنحو نحو الولاء السياسي للقيادة الإيرانية، هناك حزب كامل، هو حزب الله في لبنان يقولها بوضوح ودون مواربة، إنه ينتمي إلى المرجعية الدينية، وبالتالي السياسية الإيرانية، وهناك من السنة من يؤيد مشروع حزب الله المقاوم، وقد لا يتفق

معه على المرجعية السياسية أو المذهبية، ولكن يتعاطف مع مشروعه السياسي الموجه نحو العدو الصهيوني، كل ذلك سياسة.

ولكن، وهذه (اللاكن) كبيرة، هناك خط فاصل بين السياسي وبين العقيدي، وهما برزخان ― من المفروض أن لا يبغيان على بعضهما ― فالخلاف السياسي يبقى خلافاً سياسياً، ولا يطول العقيدة ولا يحتمل التعميم. كثير من المواطنين، السنة والشيعة، لا تروقهم سياسة إيران الحالية وطريقة التعبير عنها، ويرون في ذلك تدخُّلاً سافراً في شؤون بلادهم، وهذا حقهم المشروع، ولكن بالوقت نفسه وبدرجة القوة لا يرون أن عداءً مستحكماً يجب أن يتصاعد إلى درجة التوتر الخطر بسبب تهم إيقاظ التبعية إلى خارج الوطن، إلا في حال الجرم المشهود وبالدليل القاطع دون تعميم. خلط الأمور بين السياسي والعقيدي هو ما يرغب في فعله المتعصبون من الجانبين، وما يصطاد في بحره السياسيون ويغرق فيه الجهلاء. الثمن غالٍ جداً في دفع أمور العواصف المصاحبة للربيع العربي إلى نهايتها السلبية، كما أن الربح بيّن في التفرقة بين الجهل والتعصب، والحكمة والمنطق، والأهداف الكلية التي ينتفع منها الشعب، والأهداف الفرعية التي يريد أن يستفيد منها البعض.

يطمح كثير من العرب أن تحرر رقابهم ― من خلال ربيع عربي سياسي ― من ربقة الاستبداد، كما يطمحون إلى بناء دولة مدنية، إن صلحت الواحدة منها صلح الجسم العربي ككل، وبذلك لا يجب أن ينجروا

إلى استعباد آخر، فالعربي الذي يبحث عن الإنصاف والعدل، وجب أن يبحث مع غيره من المواطنين عن ذلك الإنصاف والعدل، بعيدا عن الاستقواء بالخارج الذي له –كدولة – مطامع لا تخفى.

الطموح إلى العدل والمساواة هو طموح الجميع والقائم على قانون يتساوى أمامه الجميع ويقدم الرحمة، والقواعد التي تقوم عليها الديمقراطية الحديثة، تنطلق من العلوم التجريبية الحديثة، أما إذا صاحب الاستبداد السياسي الاستبداد الديني فسوف يدخل الجميع في ليل طويل لا صبح يرجى بعده. بيت القصيد أن شيعة الخليج مواطنون أفضل ما يمكن أن يحصل لهم، العيش مع إخوانهم في دولة مدنية، تساوي بين المواطنين جميعا وتحفظ للجميع حقوقهم المختلفة، فهم ليسوا ولا يجب أن يكونوا مواطنين أقل درجة (فحم) كما لا يجب أن يكونوا فوق الجميع (فرقد)!

آخر الكلام: حكم على رجل عربي في الولايات المتحدة مؤخرا بالسجن لمدة 35 عاماً بتهمة قتل ابنته البالغة 20 عاماً عن طريق دهسها بسيارته، حجته أنها أصبحت غربية أكثر من اللازم!([1])

([1]) **شيعة الخليج.. لا فحم.. ولا فرقد – الدكتور محمد الرميحي – مقال – جريدة الشرق الأوسط – 23/ 4/ 2011 – الرابط:**

http://classic.aawsat.com/leader.asp?section=3&issueno=11834&article=618575#.VG0dSDTF82 السبت 19 جمادى الاولى 1432 هـ 23 ابريل 2011 العدد 11834

10

الشيعة فى الخليج ...عندما تصطدم السياسة بالدين

على الرغم من تواجد الشيعة بمختلف طوائفها وفرقها بدول الخليج العربي منذ زمن بعيد، إلا أن ثمة عوامل عديدة تضافرت لتؤدى الى بروز نجم الشيعة بهذه الدول خلال الفترة الحالية، فقد أدى سقوط النظام العراقي السابق في بغداد إلى جملة تغييرات وتطلعات في منطقة الشرق الأوسط عموماً ومنطقة الخليج خصوصاً. والتي كانت حتى وقت قريب مختبئة، أو ظاهرة بشكل خجول. إلى جانب هذا فقد أوجد النصر المادي والمعنوي لحزب الله اللبناني الشيعي صدى واسع لدى كافة الأوساط العربية خاصة في ظل سيادة حالة من الإنهزامية العربية فى الصراع مع الجانب الإسرائيلي. أضف إلى هذا تصاعد المواجهة الإيرانية مع الولايات المتحدة الأمريكية والتى اكتسبت من خلالها إيران ذات الأغلبية الشيعية تأييداً شعبياً عربياً واسعاً، خاصة أنها تواجه عدواً لم يستطع العرب مواجهته، بل أصبح واقعاً في الحياة اليومية العربية.

قراءة ديموجرافية وجغرافية للشيعة فى دول الخليج

يأتي الشيعة في مقدمة الأقليات الدينية المسلمة – غير ذات المذهب السنى – حيث يشكلون 12% من إجمالي السكان الأصليين بدول مجلس

التعاون الخليجى، وتختلف نسبتهم من دولة لأخرى؛ ففي البحرين تتراوح نسبتهم بين 60 و65%، تليها الكويت بنسبة 30%، ثم السعودية بنسبة تتراوح بين 15 و20%، وتبلغ نسبتهم في قطر 16%، ويشكلون نفس النسبة بدولة الإمارات، ولا تتعدى نسبتهم 10% في سلطنة عمان.

وعلى الجانب الأخر يمكن تناول جغرافية الشيعة بدول الخليج، ففي السعودية يتركز الشيعة الإثنا عشرية في شرق البلاد، وخاصة في منطقة القطيف – وهي أكبر مناطقهم – كما أنهم يتواجدون في القرى التابعة لها مثل سيهات, جزيرة تاروت, العوامية ومنطقة الإحساء, ومن مناطقهم فيها الهفوف, المبرز, القارة, المنصورة ومدينة الدّمام, وإضافة إلى المنطقة الشرقية فإنّهم يتواجدون بكثرة في المدينة المنوّرة, وخاصة في حي العوالي. ويطلق عليهم اسم "**النخاولة**". إلى جانب مناطق أخرى بدأوا بالتكاثر فيها مؤخراً كالرياض وحفر الباطن والمنطقة الغربية. أما الشيعة الإسماعيلية والزيديين القادمين من اليمن فإن لهم وجوداً في المنطقة الجنوبية.

وفى البحرين والتى تمثل الدولة ذات النسبة الأكبر فى التواجد الشيعى الخليجى يتواجد الشيعة فى كافة أرجاء المملكة والتى تتسم بصغر المساحة مقارنة بدول أخرى مثل السعودية وعمان مثلاً. وبصفة عامة أن سكان البحرين ينقسمون إلى ثلاث مجموعات: العرب الشيعة ونسبتهم 45 – 50 % من مجموع السكان, والعرب السنة ونسبتهم كذلك 45% أما الإيرانيون 8 – 10%, وثلثهم سنة والثلثان من الشيعة, وبذلك يصل إجمالى الشيعة

العرب والإيرانيون إلى حوالي 60%, أما السنة العرب والإيرانيون البلوش فنسبتهم 40%.

وبالنسبة للكويت يتوزع الشيعة بين تيارات عديدة علمانية ودينية, فالقوى العلمانية تميل غالباً إلى جانب الحكومة, وتعارض سيطرة رجال الدين على العمل الشيعي, كما ظهر ذلك واضحاً في قضية الوقف الجعفري. وأما القوى الدينية فيمكن تقسيمها إلى ثلاث تيارات:

أولها التيار الإيراني ويؤمن بولاية الفقيه والمرجعية الإيرانية, وقد برز هذا التيار بعد قيام الثورة الإيرانية سنة 1979م.

وثانيها التيار الشيرازي: وهو الذي يتبع المرجع محمد الشيرازي الذي أقام في الكويت تسع سنوات (1971–1980) قادماً من العراق, وأسس دعوة له, وقد استطاع تيار الشيرازي أن يستحوذ على جزء كبير من العمل الشيعي, مثل الداعين إلى هيئة الأوقاف الجعفرية.

وثالثها الشيخية وهي فرقة انفصلت عن التيار العام للشيعة الأصولية, أي عن الاثنى عشرية في القرن التاسع عشر ميلادي على يد الشيخ أحمد الأحسائي, ومن ثم فلا يوجد تيار شيعي واحد في الكويت بل مجموعة تيارات ربما تصل لحد التنافس.

وفيما يتعلق بسلطنة عمان ينقسم الشيعة إلى ثلاث جماعات كبيرة.

أولها الشيعة اللوانية والتى تتسم بتعدادها الكبير، وهم من أثرى طبقات المجتمع العماني، ويتولون كثيرًا من المناصب الحكومية، كما أن كبار التجار من اللواتية أيضًا، وتنتشر هذه الطائفة فى مسقط العاصمة الى جانب منطقة مطرح.

وثانيها الشيعة البحرينيون والذين قدموا من الحرين ليستقروا في سلطنة عمان منذ زمن بعيد حيث فضلوا اختيار المناطق الساحلية وأشهرها سواحل الباطنة في عمان، وثالثها الشيعة العجم وهم مجموعة من الشيعة وفدوا من إيران إلى هذه البلاد، ويطلق على هؤلاء الأفراد – بصفة عامة – العجم حيث ترجع جذورهم إلى أصول إيرانية. ومعظم الشيعة الذين يقيمون في عمان هم من مناطق اللور وبندر عباس واوندورودون وبعضهم من منطقة البلوش، ويعيش الشيعة العجم في عمان في مناطق مسقط عاصمة البلاد، ومطرح وضواحيها، وفي مناطق الباطنة، وقليل منهم يعيش في مسندم ومدينة صور الساحلية.

أما دولة الإمارات فيتركز الشيعة في إمارة دبي والشارقة وأبوظبي، ولهم وجود محدود في بقية الإمارات الأخرى. ويغلب على المجتمع الشيعي في الإمارات مذهب الإمامية، وتتنوع أصولهم الإثنية/ القومية إلى عرب، وهم "**البحارنة**" الذين جاؤوا من شرق الجزيرة العربية؛ مثل البحرين، والإحساء والقطيف في السعودية؛ وإيرانيين أو "**العجم**"، وأبرزهم اللاريون

والأشكنانيون؛ وهنود، ومنهم اللواتية، الذين هاجروا قبل قرون من منطقة حيدر آباد الهندية إلى سلطنة عُمان، ومنها إلى الشارقة ودبي. وفضلاً عن المواطنين الشيعة، يقيم في الإمارات أيضاً عدد كبير من الإيرانيين الشيعة، الذين هاجر أغلبهم إليها بعد الثورة الإيرانية.

وبقدر عدد الإيرانيين — بحسب تقديرات غير رسمية — بنحو نصف مليون، يتركز معظمهم في دبي. كما يقيم في دبي أيضاً عدد من أتباع طائفة البهرة (التي تنتسب إلى المذهب الإسماعيلي)، ولا يعرف عددهم في دبي على وجه الدقة، إلا أن مصادر تقدرهم بعدة آلاف، ومعظمهم يحمل الجنسية الهندية والباكستانية.

الواقع السياسي للشيعة في الخليج

إن الطائفة الشيعية في دول الخليج العربي بدأت بالفعل بالتحرك لأخذ مكانة أكبر وأهم في الحياة السياسية والاقتصادية والاجتماعية، وهي على ذلك تستفيد من كل ما يمكن أن يتاح لها. حيث استفادت من الوضع البحريني الجديد فيما سمي بـ "**الإصلاحات**" التي سمحت للشيعة فيها بأخذ مكانة أكبر في مجمل نواحي الحياة العامة. كما استفاد الشيعة في الكويت من حالة (الانفتاح السياسي) فأصبح لهم ممثلين في البرلمان الكويتي حيث يوجد خمس مقاعد في مجلس الأمة (السابق) للشيعة. بالإضافة للعديد من القضايا التي بدأ الشيعة الاهتمام بها وربما من أقلها ظهوراً وأكثرها أهمية في نفس

الوقت هي القضية الاقتصادية. فقد حاول الشيعة في منطقة الخليج لعب دور هام وغير معلن في الاستحواذ على مشاريع اقتصادية وتكنولوجية غاية في الأهمية داخل مجتمعاتها.

حيث يلاحظ وجود الكثير من النشاطات التجارية الهامة والقوية والتي يتحكم فيها الشيعة في منطقة الخليج العربي، بعضها معروف من قبل الناس، وأكثرها غير معروفة. بالإضافة إلى ذلك يلاحظ كثرة التوجه التحصيلي لدى شبابهم فيما يتعلق بالدراسة في الجامعات الخليجية، فبالإضافة إلى الأعداد الكبيرة من المدارس التعليمية في مناطق الشيعة، فإن الكثير منهم يتابعون دراساتهم وتحصيلهم العلمي في الجامعات والمعاهد، كما يلاحظ توجههم في دراسة التكنولوجيا الحديثة وتطبيقاتها، والفروع الخاصة بالبتروكيميا واستخراج النفط والمعاهد التقنية والتكنولوجيا.

كما يحتل تجار الشيعة مكانة كبيرة وهامة في تجارة بعض أنواع البضائع في المنطقة، منها الذهب والسمك.. ولا يقتصر الأمر على الاهتمام بالنواحي الاقتصادية، حيث يبدوا أن لهم سياسة اجتماعية تتمثل في محاولة زيادة أعدادهم عن طريق تشجيع الزواج والتناسل فيما بينهم، والدعوة الجادة لتكثير التناسل بينهم، وللحث على الزواج المبكر، وتعدُّد الزوجات، ولذلك فإن من الملفت للنظر إقامتهم لمهرجانات الزواج الجماعية والتي يتزوج فيها بليلة واحدة العشرات منهم. كما أنهم يسعون إلى توزيع كتبهم الشيعية لعامة الناس، ونشر معتقداتهم وأفكارهم، والترويج لشيوخهم وأئمتهم، كما

ويطالبون ببناء الأضرحة وإقامة الحوزات العلمية لهم، وما إلى ذلك من محاولات لتضخيم مكانة الشيعة في الخليج عموماً والحصول على مكاسب سياسية واجتماعية واقتصادية لهم.

وعلى الجانب الآخر يختلف التأثير السياسى بالنسبة لدول الخليج العربى من دولة لأخرى، وذلك طبقاً لمدى تأثير الطائفة الشيعية وعلاقتها بالسلطات الحاكمة ويتضح ذلك جلياً إذا ما تم التطرق الى نموذجين هامين احدهما يأخذ حرية واسعة في العمل السياسي وهو النموذج الكويتى والآخر لا يستطيع الحراك بالشكل المطلوب وهو النموذج السعودي، ففى الكويت رغم أن القانون الكويتي لا يجيز تشكيل الأحزاب السياسية، فإن الحكومة تتسامح مع إقامة التجمعات السياسية، والشيعة، مثل باقي مواطنيهم لهم تشكيلاتهم السياسية.

وفي عام 2005 تم الإعلان عن تأسيس "**ائتلاف التجماعات الوطني**" (الشيعي)، الذي يعد أبرز التعبيرات السياسية للشيعة حالياً، والذي يضم خمسة تيارات، سياسية ودينية، واعتبر بعض المحللين أن إقامة هذا الائتلاف جاء لمجابهة "**التحالف الإسلامي الوطني**"، الذي تتهمه التجمعات الخمسة المشكلة للائتلاف بأنه يسعى للهيمنة على الساحة الشيعية والاستفراد السياسي بها، وتجاهل باقي القوى الشيعية. وفيما يخص التوجهات الاجتماعية والسياسية للشيعة الكويتين، فيلاحظ أن الناشطين الشيعة

ينقسمون إلى اتجاهين: الأول يمثله ما يسمى بـ "**الحركيين**"، والذين كانوا سابقاً يعرفون بالثوريين، وهؤلاء يرتبطون بالمرجعية الدينية، ويغلب عليهم الاتجاه الديني المحافظ، ويميلون بشكل عام إلى المعارضة.

أما الاتجاه الآخر فيمثلهم العلمانيون، وخصوصاً الليبراليون، والذين هم في الأغلب مستقلون، وغالباً ما يحسبون على الحكومة، ومنهم طبقة التجار في الدولة. والتيار الأخير يعارض سيطرة رجال الدين على العمل الشيعي، كما ظهر ذلك واضحاً في قضية الوقف الجعفري،

وعلى الصعيد السياسي، فللشيعة تمثيلهم في السلطتين التشريعية والتنفيذية. ففي انتخابات مجلس الأمة الكويتي (البرلمان) الأخيرة، في يونيو/ حزيران 2006، فاز الشيعة بأربعة مقاعد من أصل 50 مقعداً. أما في الحكومة التي تشكلت في يوليو/ تموز2006، برئاسة الشيخ ناصر الصباح، فهم ممثلون بوزيرين، هما: معصومة المبارك وزيرة الاتصالات، وعبد الهادي الصالح، وزير الدولة لشؤون مجلس الأمة.

وفي النموذج الآخر وهو السعودية والتي تمتلك الأغلبية السنية باعتبارها مقصد المسلمين السنة في أرجاء العالم لا توجد منظمات أو تجمعات سياسية قانونية للشيعة، إلا أنه توجد لهم شبكات غير رسمية، وقد برز في الآونة الأخيرة عدد من الناشطين العلمانيين. ومن أبرز الجماعات السياسية الشيعية حركة الإصلاح الإسلامية الشيعية، والتي يعد الشيخ حسن

الصفار من أبرز زعمائها، وقد حصد مرشحو الحركة، غير الرسميين، مقاعد المجالس البلدية للمدن والبلدات التي يغلب عليها الشيعة في الانتخابات المحلية التي جرت عام 2005.

ومن التنظميات الشيعية الأخرى، جماعة حزب الله/ الحجاز، المعروفة محلياً باسم أنصار خط الإمام (الخميني)، والتي تأسست في عام 1987، على يد عدد من رجال الدين. إلا أن مراقبين يلحظون أن وجودها آخذ في الانحسار بالمجتمع الشيعي السعودي، علما بأن هذه الجماعة تؤمن بولاية الفقيه، كما تتبع بمرجعيتها الدينية لآية الله علي خامنئي، المرشد الأعلى للجمهورية الإسلامية الإيرانية؛ وهي متهمة بأنها كانت وراء التفجير الذي استهدف عام 1996، مقر سكن الجنود الأمريكيين في مدينة الخُبر السعودية.

ويشتكي شيعة السعودية من معاملتم بوصفهم مواطنين من الدرجة الثانية، ويشيرون إلى التمييز الطائفي والمذهبي الذي يمارس ضدهم، وعدم مساواتهم ببقية المواطنين الآخرين، وعدم تمثيلهم في المناصب العليا للبلاد، كمجلس الوزراء (لم يتول أي شيعي حقيبة وزارية في تاريخ المملكة)، ووكلاء الوزارات، والحقل الدبلوماسي، والأجهزة العسكرية والأمنية، وقلة نسبة مشاركتهم في مجلس الشوري (4 من أصل 150 عضواً). كما يدعي الشيعة أيضاً بأنهم يعانون من الشحن المذهبي الذي يمارس ضدهم من المؤسسات الدينية الرسمية؛ كالمحاكم الشرعية، وهيئة الأمر بالمعروف والنهي عن المنكر،

ومراكز الدعوة والإرشاد، بالإضافة إلى مناهج التعليم الديني في المدارس والجامعات التي يتكرر فيها وصفهم بالكفر والابتداع.

ولا يتمتع الشيعة بالسعودية أيضاً بأي حرية على المستوى الثقافي، حيث تمنع طباعة كتبهم ودخولها من الخارج، وإقامة أي مؤسسة ثقافية أو مركز ديني. كما أنهم محرومون من الحق في إنشاء معاهد وكليات دينية للتعليم حسب المذهب الشيعي.

وفي خطوة فسرها بعض المراقبين بأنها نتيجة لتأثر شيعة السعودية بتنامي نفوذ إخوانهم في العراق، قام 450 ناشطاً شيعياً، في 31 إبريل/ نيسان 2003، برفع عريضة باسم **"شركاء في الوطن"**، إلى الأمير عبد الله بن عبدالعزيز آل سعود (ولي العهد آنذاك)، والتي شددت على انتماء الشيعة للوطن السعودي. كما دعت العريضة إلى ضرورة تحقيق المواطنة الكاملة، والاعتراف بحقوق الشيعة على قدم المساواة مع أبناء الوطن الواحد، وإنهاء كل أشكال الكراهية والبغضاء والتحريض المذهبي الذي يمارس ضدهم.

ويقر زعماء الشيعة أنه بمجيئ الملك عبد الله بن عبد العزيز إلى الحكم، حصل انفتاح أوسع عليهم من قبل النظام. إلا أنهم يلمحون أن ثمة تياراً في الأسرة الحاكمة، والمؤسسة الدينية الوهابية، يقفان عائقاً أمام مزيد من الانفتاح عليهم.

قراءة في مستقبل الشيعة بدول الخليج

تتراوح تطلعات الشيعة في منطقة الخليج حسب الدولة التي ينتمون إليها، ففي حين بدأت تطالب في دولة خليجية بمطالب ومكتسبات قدمت لحكومة البلد، حصلت في بلد آخر على تمثيل برلماني ونيابي، وهم في جميع الأحوال يتطلعون إلى المستقبل القريب للاستفادة من الأوضاع التي خلفها سقوط العراق بيد الأمريكان.

وعلى الرغم من أن الشيعة في الخليج يحرصون على تقديم أشكال الولاء والطاعة لحكام الدول التي يقطنوها، إلا أن هذا لا ينفي تطلعهم نحو إقامة حكم ذاتي شيعي في مناطق تواجدهم كأغلبية، أو حتى قيام حكومة منفصلة شيعية على أبعد تقدير، ذلك أن من سياساتهم الدينية مبدأ (التقية)، حيث يعتبر اتقاء القوي ومجاراته مطلباً دينياً ومبدءاً أساسياً لهم.

وعلى كل التقديرات فإن تحركات الشيعة قد بدأت بالفعل بعيد سقوط النظام العراقي السابق، وهي إن أتيح لها اليوم فرصة لاستغلال مكاسب سياسية واقتصادية ودينية، فإنه قد لا يتاح لها فرصة قريبة بها الحجم، لذلك فمن المنطقي جداً والواضح جزئياً أن الشيعة بدأت بالفعل اقتناص هذه الفرصة وعدم تفويتها أو تركها تمر دون استغلال جيد ومثمر. ([2])

([2]) الشيعة فى الخليج ...عندما تصطدم السياسة بالدين – محمد صادق إسماعيل – 3/ 3/ – 2012 – موقع المركز العربي للدراسات السياسية والاستراتيجية – الرابط:

22

كاتب ومحلل سياسي

الإسلام السياسي السعودي الشيعي... تيار الاصلاح الوطني

طوال تاريخه شهد هذا التيار تغييرات هامة في بنيته الفكرية ومواقفه السياسية، انعكست على شكل أنشطة ومبادرات وبرامج عديدة، متعلقة بالطائفة والوطن والأمة، في الداخل السعودي وخارجه.

محمد الشيوخ

انفتاح على الآخر بعد اعتزال الحزبية

دعوة الشيخ حسن بن علي البدر شيعة المنطقة الشرقية في السعودية للقتال ضد قوات الملك عبد العزيز عند دخولها القطيف وانضمامها للمملكة عام 1331هـ – 8 مايو1913، تعكس اهتماماً بالشأن العام لدى بعض رجالات الدين الشيعة في المملكة منذ القدم. لكن لا يمكن وصف هذه الحالة، إن صحت، ونظرائها بسيادة حالة ثابتة من العمل السياسي للجماعات الإسلامية الشيعية منذ تلك الفترة، ومن ثم يمكن أن يطلق عليها حالة عمل سياسي منظم وواضح، كما هو عليه الحال في الوضع الراهن.

لكن بعد انتصار الثورة الاسلامية في إيران التي أطاحت بالشاه العام 1979، وانتفاضة المنطقة الشرقية الأولى في السعودية 1980، التي أعقبت

الثورة الإيرانية مباشرة، برزت حركات الإسلام السياسي الشيعية المنظمة في السعودية بشكل واضح، وتحديداً في المنطقة الشرقية. ففي ظل وجود نشاط سياسي منتظم، منذ ما يقارب الأربعة عقود من الزمن، صار بالإمكان الزعم بوجود حركات سياسية شيعية في المملكة، وإن لم يجر الاعتراف بها رسمياً.

منذ العام 1970 وحتى العام 2013، عاشت جماعات الإسلام السياسي الشيعية مراحل مختلفة؛ ومارست أدواراً متعددة، كما تبنت أهدافاً سعت إلى تحقيقها عبر وسائل عدة، نتيجة للظروف والتحولات الاجتماعية والسياسية والاقتصادية والثقافية التي مر بها العالم عامة والمملكة العربية السعودية خاصة. ويمكن حصر الحركات السياسية الشيعية التي نشأت في المنطقة الشرقية خلال الأربعة العقود الماضية (1971 – 2013) إلى الاتجاهات التالية:

تيار الإصلاح الوطني

يعد هذا التيار في الوقت الراهن من أبرز الجماعات السياسية الإصلاحية الشيعية في المملكة؛ ويعتبر الشيخ حسن الصفار من أبرز رموزه ومؤسسيه. ويسمى هذا التيار تارة بـ"**التيار الشيرازي**" وأخرى بـ "**تيار الصفار**" نسبة للشيخ الصفار، خصوصاً بعد بروز عدة توجهات (الصادقيون، المدرسيون، الصفاريون) من رحم التيار الشيرازي العام، وذلك بعد رحيل الأب الروحي والمؤسس الأول للتيار الشيرازي، السيد محمد مهدي

الشيرازي. وقد مرَّ تيار الإصلاح الوطني منذ نشأته حتى اللحظة الراهنة بمراحل مختلفة، نظراً للمتغيرات الدولية والإقليمية والمحلية، كما شهد طوال تاريخه تغييرات هامة في بنيته الفكرية ومواقفه السياسية، انعكست على شكل أنشطة ومبادرات وبرامج عديدة، متعلقة بالطائفة والوطن والأمة، في الداخل السعودي وخارجه.

ولغرض التعرف على ماهية هذا التيار، والوقوف على أبرز المحطات التاريخية التي مر بها، والتغييرات التي حدثت في منظومته الفكرية والسياسية، يمكن تقسيم الاطوار التي مر بها طوال تاريخه إلى أربع مراحل أساسية:

المرحلة التأسيسية

بدأت هذه المرحلة العام 1971 – 1979، وذلك بعد اللقاء الذي تم بين أبرز قادة ومؤسسي هذا التيار في المملكة (حسن الصفار، توفيق السيف، فوزي السيف، محمود السيف)، آنذاك بالمرجع الراحل السيد محمد مهدي الشيرازي وأبن أخته المرجع الحالي السيد محمد تقي المدرسي في الكويت، بعد هجرتهما من العراق خشية اعتقالهما وإعدامهما من قبل النظام البعثي آنذاك، وعلى إثر ذلك أقاما حوزة علمية تحت مسمى: **"مدرسة الرسول الأعظم"** بمساعدة بعض التجار الكويتيين، وتلامذتهم الذين خرجوا من العراق.

بانضمام الشيخ الصفار وأبناء الحاج محمد تقي السيف (توفيق، فوزي، محمود) إلى التيار الشيرازي والمشاركة في برامجه المتنوعة وغير التقليدية، سواء في مدرسة الرسول أو من خلال "**حركة الطلائع الرساليين**" (وهي حركة إقليمية تأسست في العراق العام 1968، بمباركة الشيرازي، وانبثق منها لاحقاً:

منظمة الثورة الإسلامية في السعودية

والجبهة الإسلامية في البحرين

ومنظمة العمل الإسلامي في العراق).

وقد تم استقطاب العديد من الشباب من مختلف بلدان الخليج الذين انخرطوا في تلك التشكيلات، وعلى اثر ذلك برز على السطح ما بات يعرف على نطاق واسع اليوم بـ "**التيار الشيرازي**" المنتشر في دول عديدة.

كان استقطاب الشبان الخليجين الجدد خصوصاً السعوديين الشيعة، وضمهم إلى التيار الشيرازي، نتيجة جهود من التواصل مع الشباب بذلها أبناء محمد تقي السيف إلى جانب الصفار، الذي كان يتردد بين سلطنة عمان والكويت العام 1973، وأسس مكتبة "**الرسول الأعظم**" ومجلة "**الوعي**" في عمان بمعية شبان عمانيين.

وتعتبر عودة الشيخ الصفار وزملائه إلى القطيف العام 1976، هي البداية الفعلية لتشكل التيار الشيرازي في المملكة وداخل القطيف وصولاً إلى

الإحساء، وذلك من خلال الأنشطة الدينية والثقافية والاجتماعية، التي كان يمارسها تلامذة الشيرازي الجدد العائدين من الكويت، بعد تشبعهم بالأفكار الحركية والنهضوية المستقاة من مدرسة الشيرازي وتجربته الثرية، مضافاً إلى أدبيات بعض الحركات الاسلامية القديمة كجماعة الإخوان مثلاً. وكانت الأجواء في منطقة القطيف، مهيأة تماماً لصعود تيار جديد، فالتنظيمات القومية تفككت، والحزب الشيوعي ليس لديه ما يكفي من القوة أو التأثير أو حتى التنظيم الجيد، والتيار التقليدي خارج حسابات النشاط التنظيمي والحزبي تماماً.

بدأ التيار الشيرازي في تهيئة الأرضية الاجتماعية لتقبل التغيير عبر مشروع يقوده مرجع مغمور لأغلبية الشيعة في السعودية، وكانت المساجد والحسينيات هي ساحة "**الصراع الشرعية**" بين التيار التقليدي الذي يتبع مدرسة النجف التاريخية بزعامة آية الله أبو القاسم الخوئي وبين التيار الشيرازي، وجاء الشيرازيون بأشكال مختلفة من الأنشطة كإحياء الاحتفالات والمحاضرات العامة، وكانت الكتب والأشرطة السمعية التي تحمل أفكار الشيرازي والمدرسي تهرب من الكويت عبر إخفائها في سيارات شباب الحركة، وعندما تصل توزع على الشباب في المنطقة (**بدر الإبراهيم ومحمد الصادق، الحراك الشيعي في السعودية: تسييس المذهب ومذهبة السياسة**"، **الشبكة العربية للأبحاث والنشر، بيروت، 2013.**)

في مرحلة التأسيس حرص الصفار بعد أن اتخذ من "**مسجد الفتح**" في حي السويكة بالقطيف، منصة لنشر الوعي الحركي والسياسي، حرص على تعزيز التيار الشيرازي وتثبيت وجوده، من خلال الأنشطة المتعددة ورفده بالكوادر والأعضاء الجدد الفاعلين. كما قام زملاء الصفار، لتدعيم هذا التوجه الجديد بالعديد من الأنشطة لعل أبرزها تشكيل اطر متعددة وبأسماء مختلفة تظم الشباب وأخرى تظم الشابات في كل مدينة وقرية من محافظة القطيف، لتكون تلك المجاميع الشبابية بمثابة النواة والرافعة الأساس للتيار الجديد في تلك المناطق. وكانت هذه المجاميع الجديدة تحظى بعناية مركزة من التثقيف والتوعية، لتكون قادرة على القيام بمناشط مختلفة من شأنها تعزيز وجود هذا التيار الجديد.

ومنذ بداية نشاط هذا التيار في منتصف السبعينيات، إذ لم يكن حينها أي اسم لتنظيم سياسي ديني معلن معروف، وإنما كان هناك نزاع حاد قام بين "**التقليدية الدينية**" السائدة التي يقود زمامها عدد من رجال الدين في المنطقة، وبين التيار الديني المتجدد، الذي انتمى إليه عدد من رجال الدين الشباب، حيث جاء هذا التيار بمقولات ودعوات تبدو غريبة على الخط التقليدي، الذي لم يكن يتعدى اهتمامه نطاق أداء العبادات كالصلاة والصوم والحج والخمس، ولا يملك الواحد من هذا التيار اتجاهاً فكريًا، أو نشاطًا اجتماعيًا يتجاوز نطاق عقود الزواج والطلاق وتوزيع الحقوق الشرعية والمواريث، بيد أن التيار الآخر جاء بعدد من الطروحات الإضافية والجديدة

على المجتمع تعتمد التثقيف واعتماد وسائل حديثة في بث الوعي كالمحاضرات العامة والاحتفالات وعقد الاجتماعات وتنظيم الهيئات.

ولم يتوقف التيار الجديد (أو التجديدي) عن انتقاد التيار التقليدي، واصفًا اهتماماته بالجزئية والسطحية والقشرية، معتبرًا إياه بأنه "**رجعي**" يشوّه الصورة الزاهية والوجه الحضاري للدين الإسلامي، مما أدّى إلى حدوث حالة من الصدام والصراع في المجتمع، وتمظهر في الصورة أو الصيغة الثقافية الفكرية خصوصًا في البدايات (**سلمان العيد، الحركة الشيعية في السعودية من الثورة إلى الإصلاح 1980 – 1994 مسار الأخبار 2010.**)

لقد اتسمت هذه المرحلة بالصدام مع أفكار وطروحات التيار التقليدي المحافظ، ونشر الأفكار والمفاهيم النهضوية والتجديدية، وتقديم الدين بقالب جديد في صورته الحركية التي لم تعهده الساحة الشيعية في السعودية طوال تاريخها الغابر.وكان مؤسسي التيار الشيرازي الأوائل في السعودية يعملون تحت مظلة: "**حركة الطلائع الرساليين**". وقبيل الثورة الاسلامية في إيران ساهم كوادر الحركة بمعية بعض قادة الحراك الإيرانيين كالشهيد محمد منتظري (**ابن آية الله حسين منتظري، الذي كان يفترض أن يخلف آية الله الخميني بعد وفاته**)، في العمل على إنجاح الثورة في إيران، ومن ثم إيصال صوتها للعالم. ولقد سخر الشيرازي الكثير من جهده ووقته في الكويت إلى جانب كوادر الحركة في هذا السبيل. لعل محاضرات

الشيرازي المخصصة لدعم الثورة الإيرانية، التي قدمها في الكويتن تكشف جانباً من هذا الاهتمام بل أن بعض المتابعين إلى رؤاه وأفكاره حول الثورة الفتية كانوا يعتبرونه أحد أبرز المنظرين لها.

ونظرا للعلاقة المميزة بين الخميني والشيرازي، طلب الخميني من الشيرازي مغادرة الكويت والمجيء إلى إيران بعد انتصار الثورة مباشرة. ولعب كوادر حركة الطلائع الرساليين دوراً كبيراً في تأسيس العديد من المناشط الرسمية وشبه الرسمية، وكذلك الإشراف على بعضها في إيران، بعد انتصار الثورة. كان هذا الاهتمام يستهدف في المقام الأول إيصال صوت الثورة للعالم وديمومة بقائها والحفاظ عليها وحمايتها. وفي نفس الوقت يعكس مدى حالة الانسجام السياسي والفكري بين جماعة الشيرازي وجماعة الخميني. وكان الشيرازي يعد نفسه شريكاً أساسياً في صناعة الثورة في إيران وحمايتها وإيصال أفكارها النهضوية البناءة في العالم، عبر تلامذته ورجالات حركته وأنشطته المتعددة. المقولة الشهيرة التي تتردد على نطاق واسع "**إذا كان الخميني قد فجر الثورة فأن الشيرازي هو الذي أوصل صوتها للعالم**"، تعكس مدى العلاقة المتينة وانسجامها بين الجماعتين آنذاك.([3])

([3]) **الإسلام السياسي السعودي الشيعي... تيار الاصلاح الوطني – محمد الشيوخ – موقع ميدل إيست أون لاين – 18/ 5/ 2013 – الرابط:**
http://middle-east-online.com/?id=155391

شيعة الخليج وسؤال العلاقة مع الشريك الوطني

محمد محفوظ

تتعدد الصيغ والمقاربات التي تناقش مسألة وموقع ودور الشيعة في مجتمعاتهم الخليجية .. إلا أن القاسم المشترك بين جميع هذه الصيغ والمقاربات هو إنطلاقهم من قناعة مركزية مفادها: أنه على ضوء تطورات المنطقة المتلاحقة، وإتساع دائرة الخلاف والتباين في الرؤى والمواقف السياسية من ملفات عديدة في المنطقة بين إيران والدول العربية، يجعل الكثير من الأقلام تتجه إلى مناقشة هذه المسألة في ظل احتدام الصراع والتنافس بين إيران والكثير من الدول العربية في المنطقة .. وعلى كل حال ما أود أن أقوله في هذا السياق أن الشيعة في الخليج ليسوا استثناءً عن مجتمعاتهم، وإنما هم جزء أصيل من مجتمعاتهم .. ولعلنا نرتكب خطيئة تاريخية بحق تاريخنا ومسيرة مجتمعاتنا العربية، حينما نتعامل مع الشيعة في الخليج، بوصفهم مجتمعاً مغلقاً وغير منسجم مع محيطه العربي .. فالانتماء المذهبي للشيعة أو لغيرهم، ليس بديلاً عن انتماءاتهم الوطنية والقومية .. وإن دفع الأمور باتجاه خلق مقايضة ثنائية بين الانتماء المذهبي والانتماء القومي، هو يضر بطبيعة العلاقة بين

المسلمين بكل مدارسهم الكلامية والفقهية، كما يضر بالعلاقات الداخلية بين مكونات المجتمع العربي الواحد ..

فالشيعة في الخليج وإن امتلكوا خصوصيات ثقافية ومذهبية، فإنهم ليسوا جالية تعيش في الخليج، ولا يصح التعامل مع قضاياهم ومطالبهم ومشاكلهم وكأنهم جالية وافدة إلى الخليج .. هم جزء أصيل من منطقة الخليج، ولهم مساهماتهم التاريخية في الدفاع عن وجودهم العربي وقضايا الأمة العربية ..

كما أنهم، كأي مجتمع آخر، ليسوا إطاراً مغلقاً، وبتعبير أكثر وضوحاً ليسوا حزباً سياسياً، وإنما هم مثل أي مجتمع يحتضن آراء وقناعات وميولات وتوجهات مختلفة ومتعددة..ولا يجوز التعامل معهم بوصفهم كتلة بشرية مغلقة..

وانطلاقاً من هذه المقدمات الاجتماعية والفكرية والتاريخية، سنناقش طبيعة العلاقة المأمولة بين الشيعة في الخليج ومحيطهم الاجتماعي والسياسي الخليجي .. مع إدراكنا التام أن الشيعة الخليج ليسوا كتلة واحدة أو بمستوى واحد في علاقتهم مع محيطهم الاجتماعي والقومي.. فهناك وجودات شيعية قطعت خطوات كبرى ونوعية في اندماجهم في محيطهم الوطني والقومي .. وهناك وجودات أخرى تحاول وتكافح في هذا السبيل .. كما أن هناك

وجودات قبلت بخيار الانعزال والانكفاء في ظل هجمة طائفية مقيتة يؤخذ الجميع بجريرة البعض ..

لعلنا لا نبالغ ولأسباب عديدة ذاتية وموضوعية، فإن من أهم التحديات التي تواجه الشيعة المعاصرون في مجتمعاتهم هو طبيعة علاقتهم مع محيطهم .. إذ أن هذه المسألة بكل عناوينها وحمولتها السياسية والمعرفية والاجتماعية، تشكل من أهم المسائل، التي تتعدد فيها آراء واتجاهات الشيعة فيها ..

وبعيداً عن المضاربات الأيدلوجية، أرى أن الشيعة في كل مجتمعاتهم، معنيون بشكل مباشر على صياغة رؤية متكاملة لطبيعة علاقتهم مع محيطهم وشركاءهم في الوطن ..

وأرى أن محددات هذه العلاقة هي:

أولاً: نقد الطائفية والخطاب الطائفي:

ثمة سباق محموم ومريب في آن في الساحات العربية والإسلامية التي يتواجد فيها تعدديات دينية ومذهبية .. فجميع الأطراف المذهبية اليوم، تتحدث عن مظلومية قد لحقت بها، وتعمل في ظل هذه الظروف لإنهاء هذه المظلومية والقبض على حقائق الإنصاف التي افتقدتها منذ فترة زمنية طويلة ..

وهذا المنطق لا يقتصر على فئة دون أخرى، بل هو يشمل جميع الفئات والمكونات ..

والذي يثير الهلع والخوف على حاضر ومستقبل هذه المجتمعات والأوطان، هو شعور الجميع أن حقه المغتصب موجود لدى الطرف والمكون الآخر .. فالجميع يطالب الجميع، والكل يشعر بالظلم من الكل .. ونحن هنا لا نود التدقيق في هذه الإدعاءات ومدى صوابيتها وأحقيتها، وإنما ما نود التأكيد عليه وإبرازه أن هذا السباق المحموم نحو الصراعات الطائفية والفتن المذهبية، لا يستثنى أحداً .. فالطرف الغالب والمسيطر يعمل على إدامة سيطرته، دون الالتفات إلى حقوق الأطراف والمكونات الأخرى ..

والأطراف المغلوبة تشعر أن هذا الزمن بتحولاته المتسارعة هو الزمن النموذجي للمطالبة بالإنصاف والحقوق .. وكل طرف يعمل عبر وسائل عديدة لإبراز أحقيته، وأن حقوقه المستلبة هي موجودة لدى الطرف والمكون الآخر .. مما يوفر للسجالات المذهبية والفتن الطائفية، أبعاداً أخرى، تمس الاستقرار السياسي والاجتماعي في كل المجتمعات التي تحتضن تعدديات وتنوعات دينية ومذهبية .. ونحن نعتقد أن استمرار عمليات التحريض الطائفي، ودفع الأمور نحو الصدام بين أهل الطوائف والمذاهب، هو مضر للجميع ولا رابح من وراءه ..

لأن الحروب الطائفية لها ديناميكية خطيرة، لا يمكن لأي طرف أن يتحكم فيها .. لهذا فإننا نرى أن اللعب بالنار الطائفية، من المخاطر الجسيمة التي تلقي بشررها على الجميع ..

وفي سياق نقد الطائفية في مجتمعاتنا، وضرورة العمل على إيقاف الفتن الطائفية المقيتة نود التأكيد على النقاط التالية:

1 — من الضروري التفريق بين حالة التمذهب الكلامي والفقهي وبين النزعة الطائفية .. فمن حق الجميع في الدائرة الإسلامية والإنسانية، أن يلتزم بمدرسة عقدية أو فقهية، لأن عملية التمذهب الفقهي هي من خواص كل إنسان ..

ولا يحق لأي إنسان أن يعارض خيارات الإنسان الآخر (الفردية) .. وهذا الحق ينبغي أن يكفل للجميع، بصرف النظر عن نظرتنا وموقفنا من الحالة المذهبية التي تمذهب بها هذا الإنسان أو ذاك .. لأن الإنسان بطبعه ميال ونزاع إلى تعميم قناعاته ومرتكزاته العقدية أو الفلسفية، ولكن هذا الميل والنزوع لا يشرع لأي إنسان، أن يمارس القسر والفرض لتعميم قناعاته وأفكاره ..

فالتمذهب حالة طبيعية في حياة الإنسان، وهي من خواصه كفرد في الوجود الإنساني .. ولكن إذا تطورت عملية النزوع والميل لتعميم القناعات إلى استخدام وسائل العنف بكل مستوياتها، حينذاك تتحول حالة التمذهب الطبيعية والسوية إلى نزعة طائفية مقيتة ومرفوضة ..

فرفضنا للنزعات الطائفية، لا يعني بأي حال من الأحوال، رفضنا لحالات التمذهب والالتزام القيمي لكل إنسان .. فمن حق الإنسان (أي

إنسان) أن يلتزم برؤية ومنظومة فكرية ومذهبية معينة، ولكن ليس من حقه أن يقسر الناس على هذا الالتزام وهذه الرؤية .. لأن عملية القسر والعنف في تعميم قناعات وعقائد الذات، هي ذاتها النزعة الطائفية، التي تشحن النفوس والعقول بأغلال وأحقاد اتجاه الطرف المذهبي أو الطائفي الآخر ..

لهذا فإننا نعتقد وعلى ضوء هذه الرؤية التي تميز بين حالة التمذهب والحالة الطائفية .. أن التعددية الدينية والمذهبية في أي مجتمع، ليس مشكلة بحد ذاتها، بل هي معطى واقعي إذا تم التعامل معه بحكمة وبوعي حضاري، يكون عامل إثراء لهذا الوطن أو ذاك المجتمع ..

وإن المشكلة الحقيقية تبدأ بالبروز، حينما تفشل النخب السياسية والثقافية من التعامل الإيجابي مع حقائق التعدد الديني والتنوع المذهبي ..

2 – إن النزوع إلى تفسير الأحداث والتطورات السياسية والاجتماعية والثقافية في مجتمعاتنا وفق النسق الطائفي والمذهبي، يساهم في خلق المزيد من التوترات والتشنجات..

إذ يعمل البعض ووفق رؤية أيدلوجية مغلقة، إلى التعامل مع المجتمعات المذهبية، وكأنها مجتمعات ذات لون واحد ورأي واحد، وتسعى جميعها من أجل أجندة واحدة .. فيتم التعامل مع هذه المجتمعات، وكأنها حزباً شمولياً لا يمكن أن تتعدد فيه الآراء أو تتباين فيه المواقف .. ومهما حاولت لإعادة الأمور إلى ميزانها الموضوعي على هذا الصعيد فإنك تقابل

بالاتهامات وسوء الظن الذي يسوغ لصاحب التحليل أو الموقف الأيدلوجي الذي لا يتزحزح حتى ولو كانت الحقائق مناقضة لهذا الموقف ..

فنحن كآحاد بصرف النظر عن عقائدنا ومذاهبنا، ننتمي إلى جماعات وانتماءات متعددة، بدون شعور بأن هذه الانتماءات مناقضة لبعضها البعض .. فانتماءات الإنسان المتعددة تتكامل مع بعضها البعض .. وإذا كان أبناء الوطن الواحد متمايزون في دائرة من دوائر الانتماء المتعددة، هذا لا يعني أن جميع مصالحهم متناقضة أو أنهم أعداء أبديون لبعضهم البعض .. وعلى ضوء تجارب العديد من المجتمعات المتعددة، نصل إلى هذه الحقيقة وهي: أن استخدام العنف القولي أو الفعلي ضد المخالف أو المختلف ، لا ينهي ظاهرة التنوع المذهبي من الوجود الاجتماعي، بل يزيدها تصلُّباً ورسوخاً ..

3 — لعل من المفارقات العجيبة والتي يحتاج إلى المزيد من الفحص والتأمل، هو أن الأفراد أو الجماعات المتشددة مذهبياً والمغالية طائفياً، والتي تعلن صباح مساء أهمية الحفاظ على الأمة ووحدتها ورفض المؤامرات الأجنبية التي تستهدف راهن ومستقبل الأمة .. فهي جماعات توغل في عمليات الخصومة والعداوة مع المختلف المذهبي، دون أن تسأل نفسها أن إيغالها في هذه الخصومة هي الثغرة الكبرى الذي ينفذ منها أعداء الأمة ..

فالأطراف والإرادات الطائفية المتصادمة، والتي تدفع الأمور بكل الوسائل لإدامة التوتر الطائفي هي المسئولة عن توفر المناخ لتأثيرات ونجاح الأجنبي في مؤامراته على الأمة الإسلامية ..

لأن الشرخ الطائفي هو من نقاط الضعف الكبرى في جسم الأمة، والذي من خلالها ينفذ خصوم الأمة، ويديموا ضعفها وتراجعها الحضاري والسياسي .. وإن كل من يساهم في تعميق الشرخ الطائفي في الأمة، مهما كانت نيته ودوافعه، هو يساهم بشكل موضوعي في توفير القابلية لكي يتمكن الأجنبي في إنجاح خططه ومؤامراته على راهن ومستقبل الأمة..

لهذا فإننا ينبغي أن لا نتساهل في أمر الفتن الطائفية أو نتعامل معها بعقلية منغلقة تساهم بدورها في عمليات التأجيج والتحريض ..

إننا ومن منطلق مبدئي نرفض عمليات التحريض الطائفي، ونعتبر هذه العمليات مهما كان صانعها، من الأمور التي تمهد الطريق للقوى الأجنبية للسيطرة على مقدرات وثروات المسلمين .. فالفجور في الخصومة واستسهال الطعن في عقائد الناس وسوء الظن بالآخرين كلها تقود إذا سادت العلاقة بين مكونات الأمة والمجتمع إلى الاهتراء والتآكل الداخلي مما يسهل عملية السيطرة الأجنبية إما بشكل مباشر أو غير مباشر ..

وفي خاتمة المطاف نقول: إن الأزمات الطائفية بكل مستوياتها لا تربح أحداً، وإن جميع الأطراف هم متضررون من تداعيات هذه الأزمات ..

وإننا جميعا مسئولون ومطالبون للعمل من أجل وأد الفتن الطائفية
ومعالجة موجباتها وآثارها .. وإن لا خيار أمامنا جميعاً إلا أوطاننا، ونسج
علاقات إيجابية بين مختلف مكونات الوطن والمجتمع..

وجماع القول: أننا نخسر على المستوى الخاص والعام، حينما ننجر
إلى المربع الطائفي .. لهذا فإن بمقدار ما نتخلص من النزعة الطائفية، بذات
القدر، نتمكن من بناء علاقة إيجابية مع محيطنا وفضائنا الوطني والإسلامي..

وحتى لا يساء فهمنا في هذا السياق من الضروري التفريق بين مفهوم
الطائفية الذي يساوي الانغلاق والانكفاء واستحضار مشاكل التاريخ بنفس
صدامي — سجالي، وبين المذهبية كحالة فكرية ومعرفية واجتماعية .. فنحن
نعتز بإنتماءنا إلى مدرسة أهل البيت عليهم السلام، ونعتقد أن هذه المدرسة
بقيمها ومبادئها ومثلها العامة، تشكل جسر عبور للخلاص من مآزق الراهن
والتباساته العديدة .. ولكن اعتزازنا بهذا الانتماء وهذه المدرسة الرسالية، لا
يشرع لنا تبيئة النزعات الطائفية في واقعنا ومحيطنا. وإن الانزلاق في هذا
الطريق، يعني فيما يعني نجاح الخصوم ودفعنا إلى تبني مواقف والوقوف على
أرضية لا تفيدنا على مستوى الراهن ولا على مستوى المستقبل، كما أنها لا
تنسجم وفهمنا لقيم وتوجيهات أئمة أهل البيت عليهم السلام..

لهذا فإننا بحاجة إلى خطاب ديني – ثقافي – سياسي، يخرج المجتمعات الشيعية من الصندوق الطائفي، ويفتح المجال لهم للتفاعل الخلاق على قدم المساواة مع شركاءهم في الوطن والأمة ..

فأمن مجتمعاتنا ومصالحه الحيوية، لا يمكن أن تصان في ظل بيئة اجتماعية معادية أو متشنجة ضد الشيعة .. لهذا فإننا معنيون قبل غيرنا بأهمية تنقية المحيط من أمراض التعصب ونزعات الكراهية، وكلما تمكنا من تعميم ثقافة الاعتدال والتسامح، استطعنا الوصول إلى بيئة اجتماعية متفهمة لقضايانا المختلفة ..

نحن بحاجة في كل مواقعنا إلى بلورة مبادرات ومشروعات، تستهدف تجسير العلاقة وبناء الثقة مع مكونات وتعبيرات المحيط، حتى نتمكن من محاصرة القوى الاستئصالية والتكفيرية، وحتى نرفع عن كاهلنا الكثير من الاتهامات والهواجس التي تكلف أمننا واستقرارنا الشيء الكثير ..

ثانياً: وحدة المسلمين ومخاطر الفتنة المذهبية:

يبدو ووفق المعطيات والمؤشرات القائمة، أن العلاقة الداخلية بين المسلمين بمختلف مذاهبهم ومدارسهم الفقهية، تمر بمرحلة خطيرة وحساسة، حيث التوترات المتنقلة، والحروب الكلامية والتي وصلت في بعض المناطق جد الاقتتال المذهبي، إضافة إلى الإعلام الفضائي والأنترنتي، الذي يؤجج الفتن، ويشعل الحروب، ويغذي الأحقاد والضغائن بين المسلمين ..

وكل المؤشرات توحي أن التطرف المذهبي بكل صوره وأشكاله، هو المسئول إلى حدٍّ يعيدٍ عن كثير من صور التوتر والاقتتال بين المسلمين ..

ولا ريب أن استمرار التوتر والحروب الصريحة والكامنة بمستوياتها المختلفة بين المسلمين، يهدد استقرار المجال الإسلامي بكل دوله وشعوبه، ويؤثر على أحوالها السياسية والأمنية وأوضاعها الاقتصادية والاجتماعية .. وإن لهذه التوترات كلف اجتماعية وسياسية وأمنية واقتصادية وإستراتيجية خطيرة على أوضاع المسلمين، وعلى راهن الدول الإسلامية ومستقبلها ..

ومن الضروري أن يدرك الجميع، أن هذه التوترات والحروب المذهبية المتنقلة ستصيب الجميع .. أي لا توجد دولة عربية وإسلامية بمنأى عن هذه التوترات ومتوالياتها الكارثية. لذلك فإن تغذية هذه الأحقاد المذهبية، يعد من الخطايا الكبرى، لأنها ستنهي استقرار العديد من البلدان العربية والإسلامية كما أن التفرج على ما يجري، وعدم القيام بخطوات ومبادرات، تستهدف إصلاح العلاقة بين طوائف المسلمين، أو الحد من استخدام اختلافاتهم الفقهية والسياسية في الشارع، يعد بشكل أو بآخر مشاركة في الجريمة الكبرى التي تطال العالم الإسلامي اليوم .. فما يجري من احتقان طائفي وتوتر مذهبي، ومقولة نابية وبذيئة هنا، ومقولة مماثلة هناك، وسب وشتيمة للمقدسات والرموز هنا، وممارسات مماثلة هناك، وإطلاق أحكام جائرة على بعضنا البعض، كل هذه الصور، إذا لم يتم تدارك الأمر من عقلاء الأمة

وحكماءها، سيزيد من أوار التطرف المذهبي، وستدخل الأمة الإسلامية بأسرها في فتنة مذهبية عمياء ..

فالفرجة على ما يجري في الأمة من فتن مذهبية وطائفية متنقلة، يعد تشجيعا لهذا النهج .. فالمطلوب ليس الفرجة أو الحياد، وإنما القيام بمبادرات تحاصر الفتن المذهبية، وترفع الغطاء الديني عنها، والعمل من أجل تفكيك موجباتها وأسبابها ..

وأود في سياق العمل على وأد الفتن المذهبية التي بدأت بالبروز في جسم الأمة، أن أوضح النقاط التالية:

1 – المكتبة الإسلامية، ومنذ أزمان سحيقة، مليئة بالكتب والدراسات والأبحاث، التي توضح الحدود بين المذاهب ونقاط التباين وموضوعات الاختلاف بين الطوائف .. فكل موضوعات الخلاف بين المسلمين العقدية والتاريخية، هناك المئات من الكتب حولها .. لذلك فإن جميع الأطراف تعيش حالة تشبُّع وتخمة في الكتب الخلافية بين المسلمين .. لهذا فإن ما ينقص المسلمين اليوم، هو تلك الكتب والدراسات والأبحاث، التي توضح وتبلور فقه الوفاق والائتلاف الوحدة بين المسلمين .. فالمكتبة الإسلامية التاريخية والمعاصرة على هذا الصعيد فقيرة، لهذا فإننا ندعو العلماء والدعاة والكتاب، إلى الكتابة والتأليف والبحث العلمي حول فقه الوفاق بين المذاهب الإسلامية، وكيفية تعزيز وحدة المسلمين بكل دولهم وشعوبهم..

فالكتابة حول موضوعات الاختلاف والتباين، أضحت مكرورة، ولا تقدم جديداً على صعيد العلم والمعرفة الدينية .. أما كتابات الوفاق والائتلاف فهي شحيحة، والأمة بكل أطرافها وأطيافها تحتاج إلى المزيد من الدراسات والأبحاث، التي تدعو إلى فقه الوفاق بين المسلمين، وتبلور خيار الائتلاف بين أهل المذاهب الإسلامية، وتعطي الأولوية لوحدة الأمة الإسلامية ..

فالفتن المذهبية لا تواجه إلا بقيام كل المؤسسات والمعاهد والجامعات الدينية، بإغراق الساحة بكتابات ومؤلفات تؤكد على قيم الوحدة والائتلاف بين المسلمين ..

2 — عجيب أمر المسلمين بكل طوائفهم في العصر الراهن، فبدل أن ينشغلوا بأمر التنمية والبناء العلمي وتطوير أوضاعهم السياسية والاقتصادية والحياتية، هم ينشغلون بحروب التاريخ وخلافاته ..

فالتحدي الكبير الذي يواجهنا، ليس الموقف من أحداث التاريخ ورجاله (مع أهمية وضرورة أن نحترم قناعات ومقدسات بعضنا البعض على هذا الصعيد) وإنما تنمية أوضاعنا وتطوير أحوالنا، وبناء حياتنا السياسية والاجتماعية والاقتصادية على أسس الحرية والعدالة والمساواة ..

فجهود المسلمين وطاقاتهم، ينبغي أن لا تصرف في حروب عبثية أو لا طائل من وراءها، وإنما يجب أن تصرف في سبيل البناء والتنمية والعمران ..

ومن يبحث عن الدفاع عن قيم الإسلام ومقدساته، فلينخرط في معركة البناء والتنمية ومحاربة الفقر والجهل والمرض .. فإن هذه المعركة بكل مقتضياتها، هي التي توضح قيم الإسلام الأساسية، وتعززها في نفوس المسلمين .. لأنه وببساطة شديدة ثمة علاقة سببية وطردية بين إيمان الإنسان وبين تلبية حاجاته، فكلما كانت استجابة الدين لتلك الحاجات أعلى، تضاعَف إيمان الإنسان وازداد قوة وصلابةً وثباتاً، فضلاً عن ازدياد تعلقه وشغفه بهذا الدين الذي سيضحى قضية محببة للإنسان ..

والدين إذا نكص عن النهوض بمتطلبات المجتمع الحي المتجدد عبر القرون والأعصار، وعجز عن توفير أسباب الازدهار والارتقاء للمجتمع، فإنه لن يفلح في فرض المعتقدات عليه ..

وينقل أن أحد المستشرقين الألمان زار أحد العلماء ورأى غلاف مجلته التي كان يصدرها باسم "**العلم**" وكان غلافها مزيناً في زواياه الأربعة بأربعة أحاديث عن الرسول صلى الله عليه وسلم عن فضل العلم وأهميته، فسأله عنها، وبعد أن تُرجِمت له الأحاديث أظهر تعجُّبَه وقال: "**عندكم هذه الأوامر عن نبيكم بالعلم وكونه فريضة مطلقاً دون قيد من ناحية**

المكان أو الزمان أو القومية، وأنتم تعيشون هذه الحالة من الجهل والأمية" ..

فالانشغال بالتوافه والجزئيات وأحداث التاريخ، لا تبني قوة لمجتمعاتنا، ولا تعيد أمجاد حضارتنا، وإنما تزيد من هامشيتنا وبعدنا عن قيم الإسلام العليا ..

3 – ثمة إشكالية عميقة تسود العلاقة بين المسلمين في كل أطوارها ومراحلها، أنها ليست علاقة اكتشاف ومعرفة، وعقل وإدراك أي فكر ووعي، يؤدي إلى علاقة شعور ووجدان وعاطفة، بل هي علاقة مساجلة وتباعد نفسي واجتماعي، وقراءة الآخر من خلال كتب الأنا، فتتضخم في النفوس والعقول موضوعات التباين وقضايا النزاع التاريخي، مع حضور دائم للأقوال الشاذة لدى كل الأطراف، وهي أقوال تزيد الإحن، وتسوغ التمترس المذهبي والتخندق الطائفي..

ومع ثورة الاتصالات والمعلومات وتوفُّر الكتب بشتى صنوفها، إلا أنني أعتقد أن المسلمين جميعا يجهلون عن بعضهم البعض أكثر مما يعلمون .. وإن الجهل وسوء الظن بقناعات الخصوم دون التأكد من صحتها، هي التي تساهم في ابتعاد المسلمين عن بعضهم البعض ..

لذلك وفي إطار محاربتنا للجهل ببعضنا البعض، أدعو الجامعات والمعاهد العلمية إلى إدخال مادة الفقه والعلوم الإسلامية المقارنة، حتى يتسنى

للجميع معرفة الجميع في الدائرة الإسلامية، من خلال منهج علمي —
موضوعي، يساهم في معرفة القناعات العميقة والثابتة لدى جميع الأطراف
سواء في الأصول أو الفروع ..

فالجهل يزيد الفرقة ويعمق الخلاف، بينما العلم يساهم في توطيد
أركان التضامن والوحدة بين المسلمين ..

فحينما نتربى جميعاً على الفقه المقارن، ستزول من طريقنا الكثير من
النتوءات، التي تشوه بعضنا البعض، أو توفر إمكانية نفسية واجتماعية للتوتر
المذهبي .. فلننفتح على بعضنا البعض، انفتاحاً علمياً — منهجياً بعيداً عن
ضغوطات الواقع وسجالات التاريخ ..

ثالثاً: التمسك بقضايا الأمة الكبرى والدفاع عنها:

من الضروري، لاعتبارات قيمية وسياسية ومجتمعية، أن يبقى
المسلمون الشيعة في كل مناطقهم ومجتمعاتهم متمسكين لقضايا الأمة الكبرى
ومدافعين عنها .. صحيح أن هذا التمسك سيكلف المجتمعات الشيعية
الشيء الكثير، ولكن التخلي عن هذه القضايا سيكلف أكثر .. ودعوتنا إلى
التمسك بقضايا الأمة الكبرى والدفاع عنها يعود للاعتبارات القيمية حيث
أن قيمنا ومبادئنا تدفعنا إلى ضرورة نصرة المظلوم والدفاع عن العدل والحرية،
ولاعتبارات إستراتيجية إذ أن تخلي مجتمعاتنا عن هذه القضايا، قد يفضي
خسارة الأمة الإسلامية جمعاء الشيء الكثير .. لهذا فإن من أهم محددات

علاقتنا بمحيطنا الاجتماعي والوطني، هو التزامنا بقضايا الأمة الكبرى .. وكما كان فقهاؤنا وزعمائنا عبر التاريخ مع حقوق كل الشعوب المظلومة، ومدافعين عن حقوق المحرومين وناصرين بكل ما يملكون لقضايا العدل والحرية .. نحن اليوم ومن مختلف مواقعنا ينبغي أن نكون رواد العدل والحرية فلا نكف بكل إمكاناتنا عن محاربة الاستبداد وتفكيك حوامله، ودعوة الأمة إلى قيم العدل والحرية والحوار ..

فنحن رواد الإصلاح الديني والسياسي، ومن الضروري أن نستمر في كل مجتمعاتنا من حمل مشعل الإصلاح بشقين الديني والسياسي .. فنحن الذين عانينا في كل حقب تاريخنا من الظلم والاضطهاد والافتئات على الحقوق والكرامات، لا يمكننا إلا أن نكون مع كل طالب حرية، ومع كل مجتمع يسعى لإنصافه ووقف الاستهتار بقيمه وبكرامته ، ومع كل أمة تكافح من أجل تحرير أرضها وإنسانها من يد الاستعمار وربقته ..

ومن الضروري أن ندرك أن إنهاء أزمات وجودنا، مرهون بقدرة مجتمعاتنا العربية والإسلامية على التحرر من ربقة الاستبداد، وتعزيز الحياة الدستورية والديمقراطية وقيام دولة المواطنين التي لا تفرق لاعتبارات دينية أو مذهبية أو عرقية بين مواطن أو آخر ..

فخلاصنا في كل مجتمعاتنا من مشكلاتنا السياسية والأمنية والاقتصادية، يعتمد على قدرتنا مع شركائنا في الوطن، على بناء دولة مدنية

عادلة تستوعب جميع الأطياف وتكون تعبيرا أمينا عن مكونات شعبها ومصالحه الحيوية .. فالوقوف في وجه الدول الديكتاتورية والنضال الوطني من أجل الإصلاح والحرية والديمقراطية، هو سبيلنا لإنهاء مشاكلنا الخاصة والعامة .. فلا خلاص لنا بمعزل عن إصلاح الأوضاع السياسية والاقتصادية العامة في مجتمعاتنا ودولنا ..

من هنا فإن النخب السياسية والدينية والثقافية الشيعية في كل المجتمعات، معنية بتجسيد العلاقة مع بقية النخب الوطنية، لبناء كتل وطنية تطالب بالإصلاح وتعمل من أجله .. بحيث تكون المشاكل الخاصة بالشيعة هي جزء من الأجندة الوطنية العامة .. فالشراكة هي خيارنا، والتفاعل الإيجابي مع محيطنا، هو سبيلنا من أجل كسر حاجز العزلة والانطواء والتمترسات الطائفية .. فنحن لن ننصف في كل مجتمعاتنا ودولنا إلا بتسويد قيم العدالة والحرية والكرامة، ولن ننهي معاناتنا المركبة إلا بدولة المواطنين جميعاً بدون تحيز أو افتئات على أحد ..

ولا يمكن أن نواجه المعادلات الطائفية القائمة في أغلب البلدان العربية والإسلامية، بالانخراط فيها والخضوع إلى مقتضياتها، لأن هذا الانخراط سيدعم المعادلات الطائفية بدماء ومبررات ومسوغات جديدة .. فمواجهة المعادلات الطائفية لا تتم إلا بالانخراط الفعال في بناء حقائق مضادة لهذه المعادلات في الفضاء الاجتماعي والثقافي والسياسي وهذا يتطلب منا العمل في الاتجاهات التالية:

1 — رفع الغطاء الديني والاجتماعي عن كل الممارسات الطائفية، التي تغذي نزعات الكراهية بين الناس لاعتبارات مذهبية ..

2 — القيام بمبادرات حوارية ووحدوية تتجه لتجسيد العلاقة بين مختلف المكونات والتعبيرات..

3 — زيادة وتيرة التلاقي والتواصل بين النخب الدينية والثقافية والاجتماعية والسياسية، لمحاصرة نزعات التطرف والمفاصلة الشعورية بين المسلمين ..

4 — بناء المؤسسات الإعلامية والدينية التي تعطي أولوية لوحدة المسلمين، وصياغة العلاقة بين المسلمين على أسس الحوار وتوسيع المساحات المشتركة وصيانة حقوق الإنسان ..

رابعاً: تعزيز خطاب الاعتدال في الأمة:

ثمة ضرورات ومؤشرات عديدة، تدفعنا إلى الاعتقاد أن المنطقة والظروف الحساسة التي تمر بها، وطبيعة التحديات والمشاكل التي تواجهنا، كل هذا يدفعنا إلى الاعتقاد أن هذه المنطقة بحاجة إلى مبادرات نوعية من أهلها، تستهدف فضح الإرهابيين ورفع الغطاء الديني عنهم، وبناء حقائق وخطاب إسلامي جديد قوامه الاعتدال والوسطية واحترام المكاسب الإنسانية والحضارية. وخطاب الاعتدال، لا يمكن تعزيزه، وتعميق موجباته في الفضاء الاجتماعي، بدون الحرية. فطريق الاعتدال الحقيقي، هو في توسيع دائرة

الحرية والحريات. فهي الوسيلة الحضارية الكبرى لتجذير مفهوم الاعتدال في الوسط الاجتماعي والوطني.

وكل الممارسات الخاصة والعامة، المناقضة لمفهوم الحرية، هي ممارسات مناقضة لمفهوم تعزيز الاعتدال في الفضاء الاجتماعي. فالعلاقة عميقة بين مفهومي الاعتدال والحرية .

فالحريات بطبعها إذا توفرت في البيئة الاجتماعية، فإنها تدفع الناس إلى المزيد من الوسطية والاعتدال. كما أن الاعتدال سيكرس الممارسة السليمة لقيم ومتطلبات الحرية .

والمجتمع الذي يبحث عن الحرية، لا يمكن تحقيقها، بتبني خطاب الغلو والتطرف والتعصب . لأن هذا الخطاب يباعد على المستوى النفسي والعملي بين المجتمع والحرية.

والمؤسسة السياسية التي تبحث عن الاعتدال، بوسائل القهر والعنف، فإنها لن تحقق إلا المزيد من الغلظة والشدة والعنف.

لهذا فإننا نستطيع القول: إن الطريق الحيوي لتعزيز خطاب الاعتدال في الوطن، هو توسيع دائرة الحرية والحريات، والمزيد من الإجراءات والمبادرات التي تصون حقوق الإنسان وتحول دون امتهان كرامته.

ومشكلات الحرية بكل مستوياتها، لا تعالج بإفنائها أو تقليص مساحتها، وإنما بحمايتها، وتعزيز مقتضياتها بالقانون. وبهذا نصل إلى معادلة

واضحة لعملية تفكيك جذور خطاب وحقائق التطرف والتعصب، وبناء حقائق التسامح والاعتدال. وهي (الحرية – الاعتدال – سيادة القانون).

فهذه هي العناصر الجوهرية لصياغة الفضاء الاجتماعي، بعيداً عن كل أشكال الغلو والتعصب ونزعات الفوضى والخروج على النظام.

فالحرية هي طريق الاعتدال، ولا حماية لهما إلا بسيادة القانون الذي يمارس دور الحماية والردع في آن.

ولعلنا لا نبالغ حين القول: إن المنطقة تعيش اليوم مرحلة النتائج والتداعيات الخطيرة لخطاب ديني متطرف، وإلغائي، ويعمل على طمس معالم الاعتدال والتعايش السلمي في المنطقة.

لذلك فإن الحاجة ماسة اليوم، لبلورة استراتيجية وطنية وإسلامية جديدة، تتبنى قيم الاعتدال والتسامح وحقوق الإنسان، وتتكيف مع مقتضيات العصر، بحيث تتحول القيم الدينية إلى قيم دافعة إلى البناء والتنمية والتعايش.

ويعاني المجال الإسلامي في هذه اللحظة التاريخية الحساسة الكثير من عناصر التوتر المذهبي والتطرف الديني. بحيث أصبحنا نعاني في الكثير من البلدان والمناطق من ظاهرة التوتر المذهبي أو القومي أو العرقي أو السياسي المفتوح على احتمالات خطيرة تهدد الجميع في حاضره ومستقبله. لهذا ومن أجل وقف الانحدار إلى الصراعات والتوترات المذهبية والداخلية، نحن بحاجة

إلى مبادرات وطنية وقومية وإسلامية تحول دون المزيد من الانحدار على هذا الصعيد وتعمل عبر وسائل ومنهجيات مختلفة من أجل إشاعة وتعميم ثقافة الاعتدال ومنهج العمل والفكر الوسطي بدون غلو أو تنطع. ونحن نعتقد أن المؤسسات الدينية والثقافية والإعلامية، تتحمل مسؤولية عظيمة في هذا السياق، وتمتلك القدرة الفعلية للمساهمة في توجيه الرأي العام باتجاه هذه القضايا والمتطلبات، التي تضبط نزعات التطرف والتوتر الداخلي في العديد من البلدان العربية والإسلامية.

وفي هذا السياق نقدم مجموعة من التصورات والمقترحات التي تساهم في تقديرنا في تعزيز خطاب وواقع الاعتدال في الوطن والأمة في مختلف المجالات والحقول.

1 – نشعر بأهمية أن تقود المؤسسات الثقافية والإعلامية حملة إعلامية لتعزيز خيار الاعتدال والوسطية في الوطن والأمة، لتعريف أبناء الوطن بأسس وآفاق الاعتدال والوسطية. وكلنا ثقة أن تبني حملة ثقافية وإعلامية مدروسة وموضوعية من قبل المؤسسات الوطنية والإسلامية لتعزيز خيار الاعتدال ونبذ ثقافة الكراهية والتطرف سيؤتي ثماره وسينعكس بشكل إيجابي على حاضر ومستقبل الوطن والأمة في العديد من الميادين والحقول.

2 – تأسيس منتدى وطني للاعتدال والوسطية، ومهمة هذا المنتدى عقد الندوات والمحاضرات، والتعريف بالكتب والإصدارات التي تنسجم

وخطاب الاعتدال، والعمل الثقافي الذي يتجه إلى معالجة الإشكاليات الفكرية والاجتماعية والسياسية التي تحول دون بروز خيار الاعتدال والوسطية بشكل مؤسسي في الوطن والأمة.

3 — الدعوة إلى تأسيس ميثاق إعلامي ينبذ العنف ويمنع بث كل المواد الإعلامية التي تحض وتحث على الكراهية بكل أشكالها، وتدعو إلى التسامح واحترام حقوق الإنسان والاعتدال والوسطية. وإننا اليوم نعتقد وبشكل عميق أهمية أن يسعى الإعلام الحر لإنتاج صيغ احتضان ورعاية لكل المناشط والمبادرات والتوجهات التي تعتبر معتدلة، وتدعو إلى التعايش ونبذ الكراهية والعنف.

وإن حاجة أمتنا اليوم إلى خطاب الاعتدال، ليس حاجة ترفية، بل من الحاجات الضرورية التي تساهم في حفظ وصيانة المكتسبات الحضارية، وتوفير البيئة الملائمة لمواجهة الكثير من التحديات والصعوبات التي تستهدف أمتنا في حاضرها ومستقبلها.

ويحدونا الأمل باتجاه أن تتبنى المؤسسات الثقافية والإعلامية الوطنية هذه المسألة، وتقود الحملة الإعلامية والتثقيفية لتأكيد خيار الاعتدال والوسطية في الوطن والأمة.

والاعتدال الذي نقصده, لا يعني بأي حال من الأحوال التخلي عن ثوابت الدين والوطن, وإنما يعني قراءة هذه الثوابت بعيدا عن الغلو والتطرف..

وبالتالي فالمطلوب على هذا الصعيد, هو تظهير قيم الاعتدال والوسطية ونسج العلاقات الايجابية بين مختلف الأمم والشعوب والثقافات والحضارات. وهذا التظهير ليس خاصا بحقل دون آخر, وإنما جميع حقول المجتمع ودوائره المتعددة, معنية بشكل أساسي بتظهير قيم الاعتدال والوسطية في المجتمع السعودي ..

ولا يكفي في هذا السياق, أن نلعن الخطاب المتطرف والمغالي والمتشدد, وإنما ينبغي أن يسند مشروع تفكيك وفضح الخطاب المتطرف, بصياغة خطاب معتدل, وسطي, متوازن, ويبني حقائقه ووقائعه في الساحتين الثقافية والاجتماعية..

فالمطلوب اليوم على الصعيد الوطني, وفي ظل هذه الظروف الحساسة والتحديات الصعبة, العمل على صياغة خطاب وطني وسطي يفكك نزعات التطرف والغلو, كما يبني حقائق الاعتدال والتسامح في الفضاء الاجتماعي ..

وفي سياق الاهتمام والدعوة إلى ضرورة الانفتاح والتواصل بين المسلمين جميعاً بمختلف مذاهبهم ومدارسهم الفقهية والكلامية نود التأكيد على النقاط التالية:

1 — إننا ندعو المجتمعات الإسلامية — الشيعية إلى الانفتاح والتواصل والتلاقي والتفاهم مع المسلمين الشيعة من غير الإمامية وهم الشيعة الزيدية والشيعة الإسماعيلية .. فالجميع له مصلحة في عملية التفاهم والانفتاح والتواصل، ومن الضروري أن نشجع وندعم كل خطوة ومبادرة، تستهدف تجسيد العلاقة بين المسلمين بكل مذاهبهم ..

وفي هذا الإطار نقترح الخطوات التالية:

2 — تبادل الزيارات واللقاءات بين النخب العلمية والاجتماعية والثقافية ، لزيادة الأواصر وكسر حاجز الجهل المتبادل ..

3 — التعاون في المشروعات الوطنية المشتركة كصيانة حقوق الإنسان والدفاع عن الانتهاكات التي تتعرض إليها بعض المجتمعات لدواعي مذهبية ..

4 — تظهير المساحات المشتركة وتنشئة الأجيال الطالعة على هذه الحقائق ومقتضياتها المتنوعة ..

5 — بناء تفاهمات راهنة على قضايا حيوية، تهم جميع الأطراف ضمن الأطر الوطنية أو الإسلامية العامة ..

وهذه الرؤية في الانفتاح وضرورة التواصل مع بقية المسلمين الشيعة من غير الإمامية، ليس تكتيكاً سياسياً, وإنما خيار مبدئي واستراتيجي .

فهم جزء من أمتنا ومجتمعاتنا ولا ينبغي أن تستمر حالة الجفاء أو القطيعة أو اللا اهتمام .. وإن هذا التواصل لا يستهدف أن ينتقل أحد الأطراف من موقع مذهبي إلى آخر، وإنما يستهدف تعزيز حالة التعارف بين جميع التعبيرات وتعميق أواصر العلاقة والتعاون وإفشال كل المخططات التي تستهدف إدامة حالة الفرقة والتشظي المذهبي في الأمة ..

والمدرسة الإمامية كما أرسى دعائمها وركائزها أئمة أهل البيت (ع) تتحرك وتعمل على صعد الحياة المختلفة وقلبها وعقلها على الأمة جمعاء .. فهي مدرسة رائدة في الأمة الإسلامية، ولا يمكن للمدرسة الرائدة مهما كانت الظروف والتحديات ، أن تقبل لنفسها الانكفاء والانطواء والانحباس في أطر مذهبية ضيقة .. فنحن نعتز بإنتماءنا لمدرسة أهل البيت (ع)، ولكن هذا الاعتزاز لا يدفعنا إلى الانكفاء، وإنما إلى الانفتاح على قضايا الأمة المختلفة والالتزام بمسائلها الكبرى .. فالتشيع مدرسة الحرية والكرامة والعزة ومن يحمل هذه القيم، لا يمكن أن يقبل لنفسه أو مجتمعه الانزواء والانكفاء، وإنما الانفتاح والتواصل .. وهذا لا يعني الميوعة في الالتزام بثوابت المدرسة ومقدساتها، وإنما يعني العمل على التعريف بأسس هذه المدرسة في إطار من الفهم والتلاقي والتواصل .. فليس لنا مصلحة في أن نعيش في ظل بيئة

اجتماعية متوترة تجاهنا، وسعينا للعمل على تفكيك ظاهرة التوتر تجاهنا، لا يعني بأي حال من الأحوال التضحية بالثوابت ..

وجماع القول: أن مطالبة الشيعة في المنطقة بحقوقهم السياسية والمدنية والدينية، ليس عملاً طائفياً .. فالمطالبة بالعدالة والإنصاف، ليس عملاً مرذولاً حتى يوصف بالطائفية .. الفعل الطائفي هو أن يطالب الناس بنزع حقوق غيرهم وإعطاءها إياهم، أما المطالبة بالعدالة والإنصاف والمساواة والمواطنة الكاملة ، فهو من صميم الفعل والممارسة الوطنية.. وإننا ندعو في هذا السياق شركاء الوطن إلى الانفتاح على قضايا الشيعة في الخليج والإنصات إلى مطالبهم، والسعي من أجل بناء كتلة وطنية عابرة للمذاهب والطوائف للمساهمة معاً في تطوير أوطاننا وتعزيز بناءه الداخلي .. فمشاكل الشيعة في المنطقة، لا يمكن أن تعالج بمعزل عن مشاكل الوطن كله .. فلا أحد يبحث عن حلول خاصة، لأن جميع القضايا مترابطة ومتداخلة ولا حل لها جميعاً إلا بحزمة إصلاح سياسي حقيقي تطال جميع الملفات والقضايا .. وندعو شركاء الوطن من كل المواقع المذهبية والفكرية والسياسية إلى نبذ كل أشكال التحريض المذهبي .. فالاختلاف والتباين في وجهات النظر على أي قضية من القضايا، لا يبرر لأي أحد ممارسة سياسة التحريض وبث الكراهية بين المواطنين ..

فالقذف والسب والاتهام الرخيص لا تبني الأوطان وإنما تدمرها وتفك نسيجها الاجتماعي..

فتعالوا جميعاً نحارب التحريض وبث الكراهية الدينية والمذهبية، ونبني أوطاننا على قاعدة احترام التعددية المذهبية وصيانة حقوق الإنسان وحماية العيش المشترك ..

وإن الوقوف ضد مطالب الناس المحقة في العدالة والديمقراطية والإنصاف، بدعوى أن المطالبين بهذه القضايا هم من الطائفيين، يعد ظلماً صريحاً وافتئاتاً مريعاً لمكون أساسي من مكونات المجتمعات الخليجية ..

وإن لا مصلحة لأحد في المنطقة لتفجيرها طائفياً، لأن التوترات والانفجارات الطائفية والمذهبية ستدمر الجميع وتدخل المنطقة بأسرها في أتون حروب كارثية لا تبقي ولا تذر ..

ووجود مشكلة أمنية وسياسية بين إيران ودول المنطقة، لا تعالج بالتحريض الطائفي وبث الكراهية بين المواطنين على أساس طائفي ومذهبي ..

فإننا نرفض التحريض الطائفي بكل أشكاله، لأنه يخرب الأوطان ويدمر الاستقرار الاجتماعي والسياسي .. كما أن أساليب التحريض ووسائله المختلفة لا تنسجم وتشريعات الإسلام وفضائل الأخلاق ..

والإساءات الطائفية لا يمكن أن تواجه بإساءة مقابلة, فالنار لاتطفىء بنار أخرى. فتعالوا جميعاً، من أجل وحدة أوطاننا ومجتمعاتنا, ومن أجل الالتزام بقيم الإسلام وتشريعاته في التعامل مع المختلف والمخالف نطرد

من محيطنا وفضائنا الاجتماعي والوطني كل نزعات التمييز والإقصاء والنبذ لاعتبارات مذهبية وطائفية. فالعلاقة بين شركاء الوطن ينبغي أن تكون قائمة على الاحترام المتبادل وصيانة الحقوق وحماية أسس ومرتكزات العيش المشترك.(^{4})

(^{4}) شيعة الخليج وسؤال العلاقة مع الشريك الوطني — محمد محفوظ — موقع نصوص معاصرة (مركز البحوث المعاصرة في بيروت) — 21 /7 /2012 — الرابط:

http://nosos.net/author/writer355

أبحاث مؤتمر الحوار الوطني السعودي

تقرير حول مناهج التعليم الديني في السعودية.. المسألة الشيعية

17 فبراير 2004

المقدمة

المعلمون.

الصدمة المذهبية.

واحدية الرأي..

تغييب مدرسة أهل البيت..

صراع المذاهب..

دوائر إدارية مغلقة.

وطن ممزق.

أنت تدرس بوصفك سيئاً

اختفاء الإخاء.

إشغال الطلاب بقضايا لا تمس حياتهم

تعميم المشكلة المذهبية.

الحل : مناهج دينية جديدة

مناهج الدين في مدارس البنات..

منهج التوحيد

منهج جديد أو استمرار المشكلة.

وقفات مع منهج التوحيد

نظرة على بقية المناهج الدينية

خاتمة.

المقدمة

تبدأ قصة المشكلة التعليمية منذ اليوم الأول لترسيم سياسة التعليم بالمملكة حيث أخذت على عاتقها أن تعكس التصور الديني الرسمي الذي تتبناه سلطة الدولة باعتباره النموذج الوحيد والشرعي القابل للتعليم فيما تعتبر بقية المدارس العقدية والفقهية مرفوضة وغير معترف بها رسمياً.

ولم يشفع لها دخول مناطق وشعوب المملكة المختلفة تحت مظلة الدولة والتزامها بحكم الأسرة السعودية كي تنال شرعية الاعتراف بتراثها الديني وبحقها في المشاركة في كل مؤسسات الدولة بما فيها الدينية.

المسألة لا تقف عند حد التعليم الفقهي العبادي الذي يتصل بحاجات الفروض العبادية المعروفة بل تمتد لتشمل وضع تصور لمكانة الإنسان وقيمته وبالتالي حقوقه ومدى ما يسمح له بممارستها مع حفظ كرامته، أو منعه من حقوقه وانتهاك هذه الكرامة.

لقد أصبح التصور الديني الرسمي الذي تتبناه الدولة مصدر تحديد القيمة للإنسان والسبب يعود إلى:

1. ما تحمله من خصوصية النظرة الدينية السلفية التي تتبناها المؤسسة الدينية الرسمية.

2. غياب تصوُّر آخر يسمح له بالوجود ليغذي عقلية المواطن والمسؤول.

ساهم السببان المذكوران في ترسيخ فكرة النظرة الواحدة التي تمثل الحقيقة المطلقة التي تنفي ما عداها وبدأت تمارس سلطتها كرقيب خارجي يفرض مكانته على الآخرين عبر الاستعانة بسلطة الدولة وأجهزتها الحكومية والأمنية.

في ضمن هذا المخاض التاريخي والرسمي يمكن وصف المشكلة والمأزق الذي وضع فيه المواطنون سنة وشيعة، أو شيعة فقط كما سنتناوله بالتفصيل، مما أحدث دوماً حالة من التوتر الطائفي والمذهبي غير المبرر بين أبناء الوطن الواحد.

ولكي نبرهن على صحة ما ذكرناه لابد لنا من أخذ جولة توضيحية مستعرضين أهم المشكلات التي يتعرض لها الشيعة داخل مؤسسة التعليم ومناهج الدين الرسمية التي تنتمي إلى المدرسة السلفية الحنبلية الممتدة عبر تراث ابن تيمية ومحمد بن عبد الوهاب باعتبارهما شخصيتين مرجعيتين في تحديد التصور الديني المنعكس في مناهجنا والذي تتبناه المدرسة الدينية الرسمية في السعودية وتفسح له المجال لكي يمارس بحرية تطبيق الأفكار التي تنتسب لهذه المدرسة.

على أن صورة المشكلة لا تكتمل دون فهم بعض الممارسات وأبعاد الفهم والتأثير وردود الفعل الديني والاجتماعي تجاه الوضع المعاش مع مناهج التعليم الديني. وهنا لا بد من التعرض إلى بعض خصوصيات المشكلة كما هي ممتدة في الواقع الاجتماعي وفي مستوى التفكير المعرفي.

المعلمون

منذ بداية العام الدراسي الجديد تقف المدارس السعودية في المناطق الشيعية في كل من القطيف والأحساء والمدينة المنورة ومناطق أخرى أمام

ظاهرة المعلم الديني السني الذي يدرس مواد العلوم الدينية في الصفوف العليا باعتباره متفرداً بهذا المنهج ولا يمكن لغيره أن يشاركه فيه. فانتسابه للمذهب السلفي وتخرُّجه من جامعة دينية تؤهله فقط دون غيره لممارسة التعليم الديني.

وعلى عكس بقية المناهج الدراسية حيث يتعدد المعلمون فيها ولا تأخذ مسألة انتمائه لأي مذهب أي حساسية طالما تمتَّع بكفاءة التدريس نجد أن التعليم الديني قد يحوِّل المسألة إلى أزمة عندما تطرح فكرة أن يدرس معلم شيعي منهجاً دينياً حتى عندما يتواجد عجز في عدد المعلمين. إننا نواجه منذ اليوم الدراسي الأول بأن طبقة ما تحتكر هذا النوع من التعليم دون غيرها والسبب كله يعود إلى المفاضلة المذهبية التي ترفض لغير من هو على مذهب السلف أن يمارس التعليم الديني.

هذا، فضلاً عن المشاعر السلبية التي يحملها الكثير من معلمي التربية الإسلامية تجاه الطلاب بسبب اختلاف المذهب واستمرار تغذية أتباع المذهب السلفي بمشاعر سلبية ضد الشيعة عبر فتاوى علماء المدرسة السلفية التي تتصل بإسلام الشيعة وذبائحهم ومعاشرتهم وحقوقهم الوطنية ومشاركتهم في الثروة الاقتصادية والمراتب الوظيفية والتي تتحول إلى مشكلات قابلة للانفجار في أي لحظة إذا ما مس أحد الطرفين معتقدات وحقوق الطرف الآخر في العيش بكرامة وأمان.

الصدمة المذهبية

يُخلِف هذا الوضع مشكلة حساسة وهي تعليم الطلاب منذ أول يوم الافتراقات المذهبية بينهم وبين مذهب السلف فيفهمون أنهم شيعة وأن معلميهم سنة والسبب يعود إلى الفصل الحاد في مناهج التعليم ونوعية المعلمين الذين يمارسون معهم هذا النوع من التعليم فيدرك الطالب بسبب انتمائه إلى ثقافة مذهبية أخرى وإلى مرجعية اجتماعية أخرى أن هناك سنة وشيعة وأن ما يدرسه لا يمثل ما عليه أن يفعله وأن ما يدرسه إياه معلم الدين هو للنجاح فقط، وهي معادلة بات يقبلها الكل بعد أن امتدت أنواع الصراع المذهبي المختزن في التاريخ وبطون الكتب إلى داخل المدارس من خلال معلمي الدين مما سمح بوضع معادلة غير تربوية تقبل بتثبيت الواقع مع تجريده من قيمته التربوية.

وسوف نرى أن هذه المشكلة تمتد في كل صفوف السنوات الدراسية عبر القبول بفكرة شكلية مفادها أن يبقى المنهج محتكرا كوظيفة ومهنة على طائفة ويمارس شكلية صورية وسطحية غير مؤثرة على الطلاب ولا يسمح له أن يكون تربوياً فاعلاً بمشاركة الآخرين فيه.

لقد قام على إثر هذا الاحتكار وكرد فعل من قبل بعض المشايخ أن أنجز برنامج عمل تم بموجبه تصميم مناهج دينية وفق عقيدة ومذهب أهل البيت لتكون بديلاً تعليمياً وتربوياً يشمل مختلف مراحل الدراسة وصفوفها إلا أن وجودها وتفعيلها اقتصر على خارج المدرسة عبر الدروس الدينية التي يلقيها جيل المشيخة على المتتلمذين على أيديهم.

عموماً، سوف نجد أن هذه الصدمة تنعكس على شكل حالة من التباعد والتنافر الذي لم تعرفه المنطقة من قبل، حيث تعايش المذهبان سلمياً وامتد التباعد لينخر في عضد الحياة المشتركة التي بنيت بمشاركتهما، كما سوف نجدها تتحكم في بعض العقليات الأكاديمية في جامعات المملكة حيث تعتبر مرجعية المذهب السلفي مرجعية للتفكير المذهبي وللعقاب الذي يمكن ممارسته ضد الشيعة فقط لأجل كونهم شيعة، وسوف نجد أن دكتوراً جامعياً يفكر بنفس النظرة ويرتب عليها طريقة قبوله ورفضه لطلاب الشيعة وبالتالي نجاحهم أو رسوبهم دراسياً. ويتناقل الآباء والأبناء قصصاً كثيرة لمشاهد من التعصب الديني التي مارسها أكاديميون جامعيون ضد الطلاب الشيعة، وانتهت بإعطائهم درجات منخفضة أو رسوبهم في مواد الدراسة.

لقد أعطت هذه الصدمة التي تستمر دراسياً على كل طالب لما يقارب من 12 سنة نموذجاً مكرراً وواحداً سوف يلقي بظلاله على نشاط العلاقات الاجتماعية بين أتباع المذهبين، ولم تحسم نتيجته لصالح أحد وبالأخص لصالح المذهب السلفي الذي يزداد الرفض له ثقافياً وشعبياً بعد الاطلاع على ما فيه بحسب ما تقدمه المناهج الدراسية.

واحدية الرأي

من أسباب هذه المشكلة المتفاقمة هو اعتماد المناهج الدينية على الرأي الواحد لمدرسة واحدة وتغييب المدارس الأخرى السنية والشيعية، كأن لا

وجود لها إلا في مواضع التهم والتبديع والتكفير، فالآخر مرفوض لأنه مشرك أو مبتدع أو كافر أو منافق أو عاصي أو فاسق أو مختلف، وعندما يصلون إلى الشيعة فإن كل هذه الأوصاف يطبقونها عليهم دون أدنى تمييز وبأقسى ما يمكن عبر استخدام لأجهزة الدولة وتوظفها طائفياً ومذهبياً، إلى أن وصل الحال بسلفي أن يشن حملة لمنع طلاب الشيعة في مدارسهم من الصلاة بإمامة معلم شيعي، وذلك بتبرير أن من يُقِيم صلاة الجماعة أو يأمهم يجب أن يكون معلماً سنياً (أي معلم التربية الإسلامية السلفي الاعتقاد). وعلى سبيل المثال لا الحصر قام أحد مراكز الإشراف التربوي بالمنطقة الشرقية (مركز الإشراف التربوي بصفوى) بعد إثارة من قبل أحد مشرفي التربية الإسلامية بإصدار تعميم برقم (538) في تاريخ 13 /9/ 1423 هـ (مرفق صورة منه) يأمر فيه مدارس قطاع صفوى (يقدر عددها 114 مدرسة تقريباً حيث يشكل هذا العدد ما يقارب 85% من الشيعة ينتشرون في المدن والقرى) بوجوب عدم أداء صلاة الجماعة إلا بإمامة معلم التربية الإسلامية. أي منعت إمامة المعلم الشيعي للطلاب الشيعة، وهي فرصة ثمينة لتدريب أبنائنا على الصلاة والالتزام بها تهدر بسبب المسألة المذهبية.

كما انعكست واحدية الرأي على قواعد تنظيم السلوك والمواظبة لطلاب مراحل التعليم العام الصادرة عام 1423/ 1424هـ باعتبار هذه القوانين تُعيِّر السلوك حيث نصت في مخالفة (الدرجة الخامسة) وهي أقصى درجات المخالفة التي يتم الرفع عنها لإدارة التعليم على اعتبار طلاب

المذاهب الأخرى الذين لم يتم تعيينهم بصراحة باعتبارهم مذاهب هدامة تستوجب أقصى درجات المخالفة والعقاب. جاء في البند الأول من مخالفات الدرجة الخامسة (الاستهانة بشيء من شعائر الإسلام أو اعتناق المذاهب الهدامة). فما هي هذه المذاهب الهدامة؟ هذه ما سوف نجدها في مناهج الدين الدراسية.

إن مثل هذه التصرفات والإجراءات لم تتم لولا وجود قاعدة عقائدية سلفية في التعليم العام ونُظمه يرتكز عليها لإضفاء الشرعية العقائدية عليها لتكون منطلقاً أحادياً للتفكير ولصياغة النظام التعليمي في مختلف أبعاده.

يصاحب هذه الواحدية في الرأي دائماً جهل بما عند الطرف الآخر من أدلة ومن تصورات واعتقادات، مع وجود اتجاه إكراهي لتعريف تصرفاته وعباداته على نمط تفكيري واحد متوارث لدى السلفيين لا يعترف بما تنطوي عليه في اعتقادك كما تقدمه أنت بل كما يتصوره السلفي هو ويؤمن به عبر جرّ للحقيقة للتوافق بحسب ما يعتقده. فالأوصاف التي تطلق يراد بها النقض والهدم ولا يمكنها أن تستوعب الفكرة الإيمانية إلا ضمن إطار المذهب السلفي بحسب تعريفات ابن تيمية ومحمد بن عبد الوهاب.

تغييب مدرسة أهل البيت

وتظهر امتدادات التوحد المذهبي في تغييب فكر أهل البيت ودورهم في الحياة الدينية للمسلمين فلا تجد لهم ذكراً إلا لماماً، ولا تجد تصويراً لدورهم

في نشر التعاليم الإسلامية وحماية الدين من الأخطار، وتختفي نصوص النقل عنهم فلا تجد لهم نصاً ولا عبارة أو دعاء أو رأياً أو تاريخاً كأنهم لم يكونوا موجودين يوماً ما ولم يكن العلم يتدفق من تحت أصابعهم ولم يوصفوا بالعلم وكثرته كما أشاد لهم المترجمين من علماء السنة. هذا التغييب يشمل أسماءهم كما يشمل مبادئهم، تلك الأسماء التي هي بطبعها محايدة تختفي في حين تجد إشادات بأسماء وآراء من الصحابة والتابعين والعلماء الذين كانوا متواجدين في زمنهم ممن لم يكونوا أكثر منهم علماً ودوراً في تشييد بناء الدين ونشر التعاليم الإسلامية.

صراع المذاهب

لقد تحوّل التعليم الديني في المدارس إلى مشاهد صراع مذهبي تتم داخل المدرسة وتتكامل خارجها ضمن حالة الدفاع عن المواقع العقائدية، وأصبح التوتر الناجم عن التصور السلفي السلبي للطائفة الشيعية ومذهب أهل البيت وبقية المسلمين مادة خصبة لأئمة المساجد وقراء الحسينيات، وفي بعض النوبات عندما ترتفع عقيرة الخلافات المذهبية أو تمارس حالات توتر داخل المدارس يتم تحشيد الأطراف للوقوف ضد هذه الهجمات مما أفقد تعليمنا الديني دوره التربوي المأمول إسلامياً.

دوائر إدارية مغلقة

هذا الصراع فتح الفرصة للمتصيدين ومستغلي الفرص لكي يحولوا التعليم والتربية إلى نمط مشابه لنمط التفكير المذهبي والقبائلي والطائفي عبر استغلال أجهزة الدولة التربوية ليقوموا بإغلاق الدوائر على الشيعة للعمل في وظائف ذات طابع تربوي رغم ما يتمتعون به من كفاءة ومشاركة في إنجاز كثير من أعمال إدارة التعليم التربوية وأنشطتها المختلفة فمركز الإشراف التربوي بالقطيف لا يوجد فيه إلا مشرفا قطيفيا واحدا من أصل 48 مشرفاً كانوا يزدادون يوماً بعد آخر وسنة بعد أخرى مع إهمال متعمد لتقديم الفرصة للشيعة فقط لكونهم شيعة وحدث أن ترك منصب مشرف تربوي مهملا لفترة من الزمن، حينما تقدَّم مدير مدرسة شيعي ومدير مدرسة سني ففشل السني ونجح الشيعي ثم بعد فترة زمنية رشح المدير السني بحجة الحاجة إليه. ولقد ابتدعوا نظاماً مغلقاً للترشيح يتم بموجبه الترشيح السري فلا يمكن لك أن تتقدم للإشراف التربوي، بل لا بد أن يتم ترشيحك سرياً عبر مشرف مما جعل كل مشرف يشير إلى من هو من مذهبه وقبيلته فوصلت النتيجة إلى ما هي عليه، فرغم وجود مركزين كبيرين للإشراف التربوي في المناطق الشيعية (القطيف وصفوى) لا تجد إلا مشرفاً واحداً كان قد عين من زمن بعيد. هذه الحالة تمتد لإدارة التعليم نفسها حيث رؤساء الإدارات يختارون من المذهب السني السلفي فيما لا تجد مسؤولاً إدارياً من أبناء الشيعة رغم مشاركتهم الكبيرة في أنشطة ومهام إدارة التعليم.

إن المؤسسة التي كان من واجبها أن تمارس التربية وتحافظ على قيم الوطن والوحدة وتدعم العلاقات الاجتماعية الطيبة التي كونها المدراء سنة وشيعة بينهم باتت هي تمارس عكس ذلك غير عائبة بدورها وبأهداف التعليم التي رسمتها سياسة التعليم في المملكة.

وطن ممزق

نتج عن هذه المشاهد والممارسات الدينية التي تتم عبر استخدامات المناهج أن أصبح الوطن أشبه بالممزق فالوطن لا يمكن تعريفه إلا ضمن ثنائيات وثلاثيات ورباعيات ... فالوطن ليس وطناً واحداً بل أوطان ومناطق، والشعور بالعيش المشترك ليس عميقاً، وإدراك الأخطار التي تتعرض لها الدولة لا يتم الإحساس بها بنفس المستوى والدرجة. إن تعليمنا الديني منذ اليوم الأول يكرس مثل هذه الممارسات ويشجع على الكراهية ولا يشجع الوحدة والتعارف ودرء الأخطار عن الدولة والمواطنين.

أنت تدرس بوصفك سيئاً

ينجر الأمر سوءاً على نفسية الطلاب وهم يستمعون ويدرسون ويختبرون على أنهم مبتدعون ومشركون وكفار. فالشاب الذي يفتح عينه على الحياة يفاجأ أن وصفاً يسبقه يقول له أنت لست مسلماً نقي الإسلام وعليك أن تدرس هكذا، وأن تختبر لكي تنجح، وعندما يأتي سؤال يتعرض لمذهبك واعتقادك وممارساتك عليك أن تصفها جميعاً بأقسى العبارات، كما

هي في المنهج لكي تحصل على أعلى درجة. ولننظر إلى هذه المفارقة العجيبة كيف تدرس أنك مشرك وكافر وتجيب على الأسئلة بدون احترام لأي حق من حقوقك.

اختفاء الإخاء

ضمن هذه الحالة ضعفت حالة التآخي بين أبناء الوطن وأصبح بعضهم ينظر لبعض على أنهم أعداء ألداء للأبد، وبات من يدرس خارج منطقته الجغرافية معرض لأنواع وصنوف الاتهامات من قبل أطقم المعلمين والطلاب، فالطالب السني يعبأ منذ اليوم الأول ضد الآخرين وينظر لهم نظرة رفض ويصفهم كما يصفهم المنهج. فكيف لهذا الطالب الذي لم يتكامل إدراكه العقلي والمعرفي أن يميز بين الحقائق وهو يواجه مثل هذه التعبئة القاسية؟ ولا يختلف الأمر بالنسبة لممارسة المعلمين الذين يتعمدون وصف الطالب بأقسى العبارات دون مراعاة لكيان الطفل النفسي. لقد انتشرت صفة الكراهية بين أبناء المذهبين بسبب ممارسات التعليم ومشحذاتها من فتاوى وبيانات يمارسها رجالات المذهب السلفي.

إشغال الطلاب بقضايا لا تمس حياتهم

وبالنتيجة أصبحت القضايا التي تمس احتياجات الطلاب أقل حضوراً فيما جاءت القضايا التي لا تقدم له إحساساً جميلاً بالحياة وقيمة الإنسان وفلسفة الطاعة والحب الإلهي وإعمار الأرض وتهذيب النفوس، هذه

الموضوعات وغيرها لا تأخذ نصيبها، بينما تأخذ ممارسات ومفاهيم التفرقة والتباغض شحذاً ذهنيا من خلال ملأ الطلاب بمصطلحات البدع والشركيات والكفر، مما ساعد على نمو طالب غير سليم، يتم إشغاله بقضايا لم يصل بعد فيها إلى مرحلة القدرة على مناقشتها وفهمها بعقلانية الباحث الحر الذي يبحث عن الحقيقة.

تعميم المشكلة المذهبية

نتج عن ممارسات المنهج الديني تعميم للمشكلة المذهبية في مختلف مؤسسات الدولة فالسني المذهب ينظر إلى أخيه الشيعي باستعلاء ويمكنه أن يمارس عليه كل أنواع الاضطهاد ولا يشعر بأدنى خطر أو لوم وبإمكان رئيس دائرة أن يعطي العاملين المخلصين من الشيعة تقديرات منخفضة لكي يمنعهم من الترقي والحصول على مكافاءة سنوية مجدية مع اعتماده عليهم في أغلب الأعمال وثقته بهم دون أن يشعر بأي غضاضة، ويعطي في نفس الوقت من يحسبه على مذهبه أعلى التقديرات ليترقى وظيفياً، ولتجده وهو قليل الخبرة والكفاءة بعد فترة وجيزة رئيساً على طاقم من الكفاءات العالية. وتجدها قد انتقلت إلى كليات الطب المختلفة التي نعاني من نقص وعجز كبيرين فيها فلا يقبل الطالب لأجل شيعيته، وتمارس عليه نفس الأساليب في شركات سابك وشركة أرامكو السعودية وشركات الكهرباء والهاتف، وقطاع العسكرية. هذا مع علم الجميع واعتراف المسؤولين بكفاءة العناصر الشيعية ولعبها دوراً واضحاً في قوة عمل إدارات الدولة.

كما انعكس الوضع التمييزي على دوائر الدولة المناطقية فلا تجد مدير إدارة من أبناء الشيعة وعندما يريد أن يلتحق بعضهم بالجامعة كمعيد يجد أمامه كماً من المخاوف بسبب تدخل العنصر الطائفي والمذهبي.

الحل : مناهج دينية جديدة

في ضمن هذا الوضع لا يمكن حل المشكلة من دون الاعتراف بحق الآخرين في أن يُدَّرِسوا عقيدتهم وفقههم وفق مذهبهم، وأن يتم ذلك على أيدي معلمين ينتمون لنفس المذهب والمدرسة الفقهية. إن هذا الحق مما كفله الدين والعقل والمنطق ومواثيق حقوق الإنسان العالمية فلكل أصحاب مذهب أتباع ومعلمين يرجعون إليهم في مسائلهم. ونحن إذا أردنا تعليماً تربوياً لا بد لنا أن نعترف بحق الآخرين كما نعترف بحقنا، إلا إذا جعلنا معيار القوة والسيطرة وفرض الآراء هي أساس المفاضلة، وهو منطق غريب على روح الدين الذي يدعو للعدالة وبسط الحقوق بين المسلمين على حد سواء ولقد قال تعالى (إن أكرمكم عند الله أتقاكم). إن شرطنا الوحيد لكل أتباع مذهب وهم يدَّرِسون أبناءهم وفق مذهبهم أن لا يسيؤا للآخرين المختلفين عنهم، وأن يعملوا على التعريف بأهم الآراء الدينية للمذاهب الأخرى دون تزييف، هذا إذا ارتأينا صحة التدريس وفق هذه الطريقة، وأن نركز على المشترك دون زج الطلاب في خلافات مذهبية ليسوا مسئولين عنها ولم يبتدعوها وغير ملزمين بها.

مناهج الدين في مدارس البنات

بنفس النظرة وبنفس التكرار نعتقد أن مشكلات المناهج الدينية إن لم تكن متساوية في شقيها عند البنين والبنات، فإنها أكثر ازدياداً وقسوة في جانب المدارس التي كانت ولقبل فترة قليلة تحت سلطة الرئاسة العامة لتعليم البنات، بل إن هناك من الأسباب الوجيهة التي تؤكد اشتداد الحالة المذهبية في مدارس البنات أكثر منها في مدارس البنين. وكثيراً ما كانت هذه المدارس ترعى الحالات الطائفية والمذهبية بسبب عدم وجود مديرات مدارس ومساعدات من نساء الشيعة، ودعم المؤسسة الدينية للرئاسة لها حيث كانت خاضعة لهم. ووصل حد الممارسة فيها أن تتقدم الأقل خبرة وكفاءة ومدة تدريس بسبب مذهبها السلفي على الأكثر خبرة وكفاءة ومدة تدريس من معلمات الشيعة، وأن يشهر صراحة بكفر الشيعة في مناهج الدين والتاريخ، مع سعي حثيث لأن لا تكون معلمات التاريخ من نساء الشيعة كما الدين؟!، وأن توزع بين وقت وآخر أشرطة تحريضية ضد الشيعة لتدريسها للطالبات.

منهج التوحيد

من بين أكثر المناهج إثارةً وتسبيباً للمشكلات وتوتيراً للعلاقات وحملاً للتصورات السلبية ما يتضمنه منهج التوحيد في مختلف المراحل والصفوف.

فمنهج التوحيد الذي أساسه توحيد الله عز وجل يمتلئ بما هو خارج عن مادته حتى يكاد يتضاءل، فيما يمتلئ به مما هو ضد الآخرين فيتناولهم في ممارساتهم واعتقاداتهم ولا يدع فريقاً من المسلمين في مختلف الأقطار إلا ووصفه بأحد أوصاف التبديع أو الشرك أو الكفر فلم يبقى مسلم نقي الإسلام إلا في المذهب السلفي، وحتى أتباع هذا المذهب يجدون أن توصيفهم بمثل هذه الصفات قابل وسريع، والسبب يعود إلى أن هذا المنهج قد توسع خارج إطاره وحدوده إلى التدخل في الطبائع البشرية فحكم عليها منذ البدء أحكاماً قاسية فمن راجع مناهج التوحيد سيجدها كيف تتدخل في النوايا والكلام والصدق والكذب والدنيا وحب المال والجاه والرجاء والخوف وحب الناس وبغضهم وآمالهم وأحلامهم وأمانيهم. ومع أن بحث مثل هذه الموضوعات حقه أن يندرج ضمن دائرة الأخلاق ليتربى أبناءنا على الفضائل نجدها تبحث في دائرة العقائد وهذا منهج خاطئ لأن البشر يعيشون حالات وجدانية متقلبة وهم يتكاملون من خلال المرور بتجارب صحيحة وخاطئة وتوصيف هذه التجارب الأخلاقية منذ البداية بكونها شركاً أصغر أو رياء أو نفاقاً هو توصيف خطر للغاية على نفسية طلاب صغار ما زالوا يتعرفون على الحياة التي تحيط بهم ويطلبون إجابات عن أسئلة تثير قلقهم.

منهج جديد أو استمرار المشكلة

وإذا نحن تجولنا في مناهج الدين وبالأخص التوحيد منها نجد أننا بحاجة في الواقع لمنهج جديد لأن ثنايا الموضوعات المندرجة تصرخ بالتكفير والتبديع والتشريك والكفريات بأنواعها، حتى لكأنها تحيل الدين إلى منهج للتكفير والتباغض وعدم الرغبة في فهم الآخرين ويتم نسيان دين الرحمة والتسامح والمحبة.

وإذا جئنا نتأمل في أساسيات تصنيف أي منهج ديني جديد فينبغي لنا أن نراعي ما يلي:

1. أن يركز على التربية الإسلامية الأساسية من بناء النظام الكوني على الخالقية والتوحيد والنبوة والمعاد وعدالة الله وكرامة الإنسان وتطبيقها تطبيقاً صحيحاً في حياة الطالب بحيث يشعر بأن إيمانه بمثل هذه المبادئ يدعوه للتخلق بها والتحلي بصفات الخلق الكريم وحب الخير والإنسانية والعطاء والعمل.

2. الاهتمام بالتربية الأخلاقية وفضائلها ورذائلها وبيان التطبيقات العملية لها في الحياة الشخصية والاجتماعية بعيدا عن سوء الظن بالناس واتهامهم بأصناف الاتهامات.

3. مكانة الإنسان في التشريعات الدينية وحقوق الإنسانية الأساسية.

4. مكانة المسلمين وخيريتهم وواجبات هذه الخيرية تجاه بعضهم وتجاه غيرهم مبتعدين عن التوصيف لهم بما يسئ.

5. دراسة آداب الحوار والمناظرة وحقوق الباحث.

6. تعريفهم بقيمة العقل والتفكير والبحث العلمي في الإسلام.

7. أن يتضمن بيانا لقيمة العمل ومكانته وعلاقته بخيرية العمل .

8. أن يمتلئ بجماليات الكلمة الطيبة والدعوة بالتي هي أحسن وتعليم مناهج الحوار والمجادلة بالتي هي أحسن.

9. احترام الخصوصيات والتركيز على قيمة المشتركات بين أمة المسلمين وعدم إشغال الطلاب بالمختلف، وترك أمثال هذه الموضوعات لهم عندما يحتكون بالحياة ويتعاملون مع ألوان الثقافة والفكر.

10. احترام قيمة الدليل والبرهان، والتسامح مع المختلفين إذا كانوا يملكون أدلة أخرى.

11. التركيز على إشاعة ثقافة السلم، والسلم الاجتماعي ومكانته في نمو المجتمعات.

12. دراسة الشروط التاريخية والموضوعية لنشوء الحضارات ودور الأجيال في تكوينها.

13. أهمية القانون وتطبيقاته في الحياة.

14. وموضوعات أخرى ذات مسيس بالطالب وتناسب مستوى إدراكه ومرحلته العمرية.

وقفات مع منهج التوحيد

سوف نستعرض الآن بالتفصيل محتويات منهج التوحيد مركزين على النقاط التي تمس شيعة مذهب أهل البيت مع تأكيدنا أن المنهج مليء أيضاً بما يسيء للسنة المسلمين في مختلف الأقطار الإسلامية بما فيهم سنة المملكة ومواطنيها جميعاً.

المرحلة الثانوية

أولاً: توحيد الصف الأول (طبعة 1424 . 2003)

1. الفصل الثاني: (مصادر العقيدة ومنهج السلف الصالح): تحدث عن الفرقة الناجية وخصها بأهل الجماعة فيما بقية الفرق في النار ص 9. وسوف يتكرر هذا الحديث والتركيز على دلالته بحصره في فرقة الجماعة في أغلب مناهج التوحيد، وفي كتاب التفسير للصف الثاني ثانوي ص84. ولنتصور وقع هذا الحديث على نفسية الطالب الذي سينتفي أمامه إمكانية قبول الآخرين على نفس مستوى إسلامه وإيمانه بالله فينظر لهم نظرة دونية.

2. الفصل الثالث: (الانحراف عن العقيدة وسبل التوقي منه). تحدث عن (الغلو في الأولياء والصالحين ورفعهم فوق منزلتهم بحيث يعتقد فيهم ما لا يقدر عليه إلا الله من جلب النفع ودفع الضر واتخاذ وسائط بين

الله وبين خلقه حتى يؤول الأمر إلى عبادتهم من دون الله والتقرب إلى أضرحتهم بالذبائح والنذور والدعاء والاستغاثة وطلب المدد) ص 12. وسوف نجد أن هذا الخلط يتكرر في مناهج التوحيد ويملأ ذهنية الطالب بتصورات لا وجود لها على أرض الواقع، فيربط بين أشياء لا ربط بينها ويصور لطالب المملكة أن غيره من المسلمين الموجودين في مختلف بقاع العالم ممتلئون بالشرك ويعبدون غير الله. فهل يوجد مسلم يعبد غير الله أو يعبد قبراً أو يعتقد أن هناك مضراً أو نافعاً أو معطاء غير الله. إن الطالب يقع ضحية هذا الخلط وترتيب النتائج على بعضها التي هي ترتيبات غير منطقية وغير ضرورية، فضلاً عن أن هذه المعلومات تعاني من مشكلة في نفس موضوعات الاستدلال لعدم صحتها في نفسها فكيف بنتائجها.

3. الفصل الرابع: (نماذج من جهود المصلحين في الدفاع عن العقيدة الصحيحة) ص 15. وهو فصل مخصص لمناقشة أفكار واعتقادات بعضها بائد ولا يحتاج له الطالب فيما الآخر يصب ضد الشيعة الذي سماهم روافض وضد المعتزلة والصوفية ولم يترك الجزيرة العربية حتى وصفها في العصور المتأخرة بأنها استحكمت فيها البدع والشركيات وانتشرت فيها الطرق الصوفية وتعظيم القبور والعادات الجاهلية. فهل يعقل أن يدرس الطالب أن أجداده كانوا مشركين؟! أو أن بقية علماء المذاهب الأخرى هم من المشركين؟!. إذا كنا سنعلم طلابنا مثل هذه المعلومات على أنها حقائق أين مواقع الالتقاء والتسالم وقبول الآخرين.

4. نجد أن قضية إدخال القبور والأضرحة في الكفريات تتكرر كثيراً، ويتم تصويرها على أنها تعبد من دون الله ويساوى بين بناء القبور والكفر وهذا تضليل خطير جداً وتشويه لذهنية طلاب صغار لم يطلعوا على الحقائق. ص 25، ص 96.

5. (معنى الشهادتين وما وقع من الخطأ في فهمهما وأركانهما وشروطهما ومقتضاها) فتحت عنوان (مقتضى الشهادتين) ذكر ما يلي: **"مقتضى شهادة أن لا إله إلا الله: هو ترك ما سوى الله من جميع المعبودات المدلول عليه بالنفي وهو قولنا (لا إله) وعبادة الله وحده لا شريك له المدلول عليه بالإثبات وهو قولنا: (إلا الله) فكثير ممن يقولها وهو يخالف مقتضاها فيثبت الإلهية المنفية للمخلوقين والقبور والمشاهد والطواغيت والأشجار والأحجار، وإذا دعي إلى التوحيد اعتقد أنه بدعة وأنكره على من دعاه إليه وعاب على من أخلص العبادة لله"**. ص 43. هذا النص المتناقض الذي يثبت لك حقاً ولكنه ينفيه عنك من وجه آخر عندما لا تقبل تفسيره للتوحيد الذي لا يمس في الحقيقة هذا التفسير الذي يقدمه جوهر العقيدة بل هو من تصورات ما يعتقد أنه يتصل بالتوحيد وليس منه.

ثانياً: توحيد الصف الثالث ثانوي

(منهج قسم العلوم الشرعية (طبعة 1424 – 2003)، منهج أقسام العلوم الإدارية والاجتماعية والطبيعية والتقنية (طبعة 1422 – 2001)).

ونظراً للتشابه والتوسع في توحيد الثالث شرعي مقارنة بتوحيد ثالث طبيعي سوف نجعله مرجعاً. علماً بأن هذا المنهج يمثل الصورة الكاملة للمشكلة الدينية التي تعانيها المناهج الدراسية التي تبتدئ من المرحلة الابتدائية وتمر بالمتوسطة.

1. (بداية الانحراف في تاريخ البشرية) ضمن الحديث تحت هذا العنوان أقحمت أمة الإسلام حتى عادت مشركة مرتدة؟! قال: **"إلى أن فشا الجهل في القرون المتأخرة ودخلها الدخيل من الديانات الأخرى فعاد الشرك إلى كثير من هذه الأمة بسبب دعاة الضلالة والبناء على القبور متمثلاً بتعظيم الأولياء والصالحين وإظهار المحبة لهم حتى بنيت الأضرحة على قبورهم واتخذت أوثاناً تُعبَد من دون الله بأنواع القربات من دعاء واستغاثة وذبح ونذر لمقاماتهم"**. ص 10. يمثل النص المذكور باستهلاله في أول المنهج أنموذجاً صارخاً لما سيأتي بعده ويتكرر بألوان التبديع والتشريك والتكفير والتفسيق للمسلمين ولن يستثني الشيعة منهم. وهو كما قلنا خلط في المفاهيم وإقحام لموضوعات لا شأن لها في التوحيد، وتصوير خاطئ للحقيقة لأن لا وجود لعبادة ولي أو صالح أو قبر عند أي من

المسلمين ولا يوجد أي تلازم بين بناء القبور وبين عبادتها ولم نجد الأمم الإسلامية على كثرة ما فيها من المزارات قد كفرت أو أشركت والعياذ بالله من هذه التهم.

2. عاد إلى نفس موضوع النذور والذبائح والقبور والصالحين عند حديثه عن أنواع الشرك فيما يسمى بالشرك الأكبر. ص 13.

3. توسعه في موضوع الشرك ضمن ما يسمى بالشرك الأصغر حتى كاد أن يشمل كل شيء وهذا قهر للمفاهيم وتضييق على حريات الناس ووضعهم دائما ضمن دائرة الشرك ص 14.

4. إعادة فتح نفس الموضوعات السابقة على المسلمين ضمن موضوع (شبهات المشركين التي يتعلقون بها في تبرير شركهم) ووجود سعي حثيث لأن يكون المسلمون مشركون بل اعتبر إن نفي هذه التهمة عن المسلمين هو من بدع المشركين والعياذ بالله. من ص 17 – 19. وهذا الفصل مليء بالمآسي تجاه المسلمين كلهم على اختلاف مذاهبهم عدا المذهب السلفي إن كان سيسلم أيضاً من هذا الداء.

5. في موضوع (الكفر – تعريفه أنواعه) وبعد أن استعرض الكفر الأكبر والكفر الأصغر ختم الموضوع بالعبارة التالية: "**وأما الفرق بين الكفر الأكبر والكفر الأصغر فيقال فيه مثل ما قيل في الفرق بين الشرك الأكبر والشرك الأصغر**". ص 21، والإحالة على ص 19.

6. في موضوع (الردة – أقسامها وأحكامها) ص 31 استمر الخلط والتشويه السابقي الذكر بما يملأ قلب الطالب بالريبة عندما تحدث عن: **"الردة بالفعل كالسجود للصنم والشجر والحجر والقبور والذبح لها"** وهذا خلط فمن من المسلمين يسجد لغير الله؟

7. يوجد موضوع باسم التكفير من تعريفه وأنواعه وشروطه وموانعه وكيفية قيام الحجة ص32. وهذا موضوع من أساسه غير مناسب للطلاب ويدعهم تحت مهب ريح عاتية ويشوش عليهم حياتهم ونظرتهم الطبيعية للناس والمسلمين، لأنه يقدم لهم المسلمين على طبق من أنواع الكفر وما عليك إلا أن تختار منها ما يناسب المزاج الناري لطلاب المدارس الثانوية.

8. يمتلئ الكتاب بمادة دسمة عن الشرك تبدأ من ص 37 إلى آخر الكتاب شاملة لعشرين فصلاً موضوعة تحت عنوان عام: **"أقوال وأفعال تنافي التوحيد أو تناقضه"** بحيث أننا نسمع عن شرك الخوف وشرك المحبة وشرك التوكل، وغيرها كثير مما يسيء لذهنية الطالب ويزرع في نظره لمؤسسات المجتمع والدولة ورجالاتها نظرة سلبية. ويجعله يتعلم الأخطاء أكثر مما تجعله يتعلم ما هو مفيد له.

9. عاد موضوع القرابين والنذور والهدايا للمزارات والقبور وتعظيمها للفتح من جديد في الفصل العاشر ص 61 بحيث يوجه للمسلمين بما فيهم الشيعة. وعند الحديث عن موضوع (الاستهزاء بالدين والاستهانة بحرماته)

عاد موضوع القبور ليدخل من جديد ضمن نفس المفاهيم المغلوطة التي تحدثنا عنها من قبل. ص 66 وكذلك فتح نفس الموضوع عند الحديث عن حكم الحلف بغير الله ص80. وكذلك عند موضوع التوسل. ص 82. والاستعانة والاستغاثة ص 84.

10. فتح موضوع الاختلاف في الخلافة بعد رسول الله ضمن موضوع (سوء الظن بالله) ليحيل الموضوع من بحث تاريخي إلى بحث عقائدي وجعل المسألة في صدقها أو كذبها مرتبطة بسوء الظن بالله ودينه. ص 87.

11. تحدث عن عقيدة الشيعة في عصمة الأئمة ووصفهم بالغلو ضمن حديثه عن فضل أهل البيت، جاء في ذلك: "**ويتبرأ أهل السنة والجماعة من الذين يغلون في بعض أهل البيت ويدعون لهم العصمة)** ص 104. وزاد في ذلك حين أدخل موضوع الصحابة وما حدث بينهم معتبراً الكلام فيها والبحث فيها من مسالك أهل البدع وأعداء الدين ص108.

ضمن موضوع باسم (**تعريف البدعة وأنواعها وأحكامها**) ص 116 عاد لفتح كل ملفات الذبائح والنذور والبناء على القبور بنفس النظرة التشويهية التي لا يمارسها المسلمون.

عند حديثه عن أماكن ظهور البدع نقل نصاً لابن تيمية يذكر فيها الأماكن التي ظهر فيها العلم ويعددها (الحرمان: مكة والمدينة، والعراقان،

والكوفة، والبصرة، والشام). ثم استمر النقل ليقول بأن أصول البدع ظهرت من هذه الأمصار عدا المدينة ص 119.

تحت موضوع (نماذج من البدع المعاصرة) ص 126 لم يدع ممارسة يختلف معه فيها الآخرون إلا ونسبها للبدعة وعلى كثرتها نتعرض لأهمها التي يمارسها المسلمون كلهم خارج المملكة والشيعة، وهي: بدعة الاحتفال بالمولد النبوي ص 126، بدعة الذكر الجماعي بعد الصلاة. ص 128، طلب قراءة الفاتحة في المناسبات وبعد الدعاء للأموات، إقامة المآتم على الأموات وصناعة الطعام واستئجار المقرئين، الاحتفال بالمناسبات الدينية كالإسراء والمعراج والهجرة النبوية، العمرة الرجبية، تخصيص ليلة لنصف من شعبان، البناء على القبور ص 128.

لم يشأ أن يختم الكتاب إلا بأن يذكر بحديث الفرقة الناجية المتعينة في أهل السنة والجماعة. ص 137.

نظرة على بقية المناهج الدينية

بنفس منوال الإقصاء نجد أن منهج الفقه والحديث والتفسير يقتصر على رؤية الفقه الحنبلي مع إقصاء لآراء بقية المذاهب ووصف آرائها بأوصاف غير لآئقة لا تناسب مشروعية المذاهب.

هذا الإقصاء يحل محله فقه يدرس أحكام الصلاة وفق المذهب السني السلفي بخصوصياته الفقهية التي لا تناسب قناعات أتباع المذهب الجعفري

وسوف يقوم الطلاب وبطريقة بغبغائية بحفظ نصوص التشهد والسلام على طريقة المذهب السني دون أن يلتزموا بها، وسيقرءون الوضوء على نفس المنوال ليمكن لهم النجاح في الاختبار وسيدرسون حرمة زواج المتعة وتلك التوصيفات التي يلحقونها به من قبيل أنه شبيه بالزنا، مع اعترافهم بأنه كان مباحاً في أول الإسلام "**الفقه وأصوله للصف الثالث الثانوي، قسم العلوم الشرعية والعربية. ص46**". وعليهم بحفظ الأحاديث ورواتها كما يؤمن بها المذهب السلفي وعليه أن يتلقى التفسير منهم بحسب نفس المدرسة. وقبال ذلك لا تكاد تجد ذكراً لمرويات أهل البيت ونظراتهم إلا نادراً كندرة الكبريت الأحمر، ولا تجد اعترافاً بمصدر الروايات والتفسير القرآني الذي يقدمه أتباع مدرسة أهل البيت. تستمر الحالة الإقصائية لأقصى درجاتها بحيث يشعر الطالب بأن أجواء تفصله عن منهج مفروض عليه فرضاً، وعليه أن لا ينتقده أو يقدم تجاهه أي ملاحظة.

ثانياً: المرحلة المتوسطة

لا يختلف العرض في المرحلة المتوسطة عنه في المرحلة الثانوية، فنفس الموضوعات تتكرر وبنفس الأساليب التهجمية والتشويهية التي تجر فهم الطالب إلى ما تريد عرضه دون ما هي عليه الحقيقة الدينية عند المذاهب الأخرى. وها نحن نستعرض استعراضاً سريعاً بعض ما في هذه المناهج

أولاً: توحيد الصف الأول المتوسط (طبعة 1423 /1424)

1. موضوع (الذبح لغير الله شرك) الذبائح للأولياء من أعمال الجاهلية ويقول فيها "إن ما يفعله المسلمين وتعارفوا عليه من الذبائح على أضرحة الأولياء وعلى المشاهد والقباب في المواسم التي تقام باسم أولئك الصالحين... كل هذه ضلال وباطل وهو من الشرك في عبادة الله ومن أعمال الجاهلية الأولى". ص87 ـ 88.

2. موضع: "نذر الطاعة ونذر المعصية" ص 93 في أحد الفقرات ص 94 "النذور للأولياء والصالحين من أعمال الجاهلية"، ذكر فيه "إن ما ينذره جهلة المسلمين من نذور للأولياء والصالحين من أموات المسلمين كأن يقول: يا سيدي فلان إن رزقني الله كذا أجعل لك كذا، فهو نذر لغير الله وعبادة صرفت لغيره تعالى فهو شرك أكبر". ص 94.

3. في موضوع (أقسام الدعاء) ص 103، في إحدى فقراته وعلى عادة التشويه التلبيس وإدخال الأشياء في بعضها البعض "دعاء الأولياء والصالحين من عمال الجاهلية". ص 104. وأعاد في فقرة أخرى نفس الموضوع بنفس التهم ليختمها بالشرك والجاهلية ص 104.

4. يستمر الموضوع كما عرضناه سابقا في موضوع الاستغاثة ليتم تكرار نفس المفاهيم ونفس النظرات السلبية التي لا يعرف لها موقع قدم وقبول في التراث الديني. ص 106، 108.

ثانياً: توحيد الصف الثاني المتوسط (طبعة 1423/ 1424)

1. يعود موضوع حكم الاستشفاع بالأولياء والصالحين من أموات المسلمين لتتكرر نفس المعروضات بنفس الطريقة والنتيجة النهائية هي الحكم بشرك المسلمين. ص 12.

2. وبدون أي سبب واضح يفتح موضوع كفر أبي طالب في موضوع الشفاعة ص15، وموضوع الهداية ص 17 – 18. ولا ندري ماذا يستفيد الطلاب من هذا الموضوع وما دخله بالتربية والتعليم؟ ولماذا نريد إثارة الطلاب تجاه أبي طالب أيا كان مسلماً أو كافراً وهو الذي من حقه أن يشاد بدوره في حماية النبي والدفاع عنه طوال حياته؟!.

3. ويعود موضوع البناء على القبور وحكم بناء المساجد على القبور ويكال أنواع التكفير والشرك ويوصف الفاعلين بأنهم شرار الخلق ص 30 – 31. ونحن نقول هل وجدنا مسلما يصلي على قبر أو يبني مسجداً على قبر حتى تشوه الصورة لدى الطلاب فيظنون أن المساجد التي تقع فيها قبور الصالحين هي مساجد على القبور. هذا وعادة بناء المساجد منتشرة في كل العالم الإسلامي ولا يوجد بلد مع كثرة العلماء فيها قد ذكر لنا وجود حالات من الكفر والشرك إلا أن نتهم علماء المسلمين أيضاً؟!. على أن الموضوع يستمر في المنهج من خلال تضليل المسلمين وتشبيههم باليهود واتهامهم بالشرك وبما يفعل عندهم كوسيلة للشرك؟! ص 33 – 34.

4. يستمر الموضوع تحت عنوان (الغلو في قبور الصالحين) لتعاد نفس عبارات التشريك والتكفير والتبديع بنفس أساليب الخلط ودون أن نعلم ماذا يستفيد الطالب تربوياً من مثل هذه الموضوعات التي تستمر إلى ص 40.

5. ينجر الموضوع إلى زيارة قبر النبي ص 41 لتقدم نفس الشركيات لزائر قبره.

6. ويأخذ الموضوع غاية منتهاه عندما يبحث تحت عنوان: "**الشرك في أمة محمد ص**" حيث يركز المنهج على وقوع الشرك في أمة الإسلام فلا يدع صفة سيئة لتشبيههم بالشرك وحمل ما عند غير المسلمين من أوصاف لنسبتها إليهم ويعود المنهج مرة أخرى لتكرار نفس ما كرره سابقاً حول موضوع القبور والأولياء والصالحين متهما المسلمين بعبادتها، وقال أخيراً بعد شرح مفصل "**وقد حدث هذا بالفعل في كثير من بلاد الإسلام وابتلي به كثير من الناس**"؟! ص 47 – 48.

ثالثاً: توحيد الصف الثالث المتوسط (1423/ 1424)

1. موضوع (تعبيد الأسماء لغير الله) استمر الخلط الواضح بين العبودية لله والعبودية بمعنى الانتساب حباً إلى الشخص فأخذ المنهج يكيل التحريم لمسميات عبد النبي وعبد الرسول وعبد الكعبة وعبد الحسين. وربط الموضوع ربطاً لا علاقة له بالشرك بالله عبر استدلاله بآية لا تفيد أي معنى

ذي صلة بالموضوع ص 80 – 81. وهذه المشكلة كسابقاتها تفترض الخطأ
ثم تبحث له عن مبررات للحكم بالكفر والشرك.

2. عاد موضوع القبور للفتح من جديد لإشغال الطلاب بقضايا
غير ذات صلة بحياتهم وضمن نفس النظرة الخاطئة التي تفترض الخطأ
ثم تبحث له عن مبررات الحكم دون أن تنظر بعين الاعتبار إلى أن ممارسات
المسلمين كلهم ليس فيها شيء من الشرك أو عبادة غير الله ص 125. على
أننا أشرنا في منهج توحيد الصف الثالث كيف أن هناك اتجاه صريحاً بعدم
نفي الشرك عن أمة الإسلام والاصرار على شركيتها.

3. وبنفس الطريقة تم فتح موضوع (حكم الاستشفاع بالله على
خلقه) ص 144 ليعاد فتح جميع الموضوعات بنفس الأسلوب وطريقة
التفكير للمذهب السلفي.

4. واستمر الوضع على ما هو عليه ليصل إلى موضوع (التحذير من
الغلو في الألفاظ) جاء في المنهج "**كل قول يفضي إلى الغلو الذي يخشى
منه الوقوع في الشرك فإنه يتعين اجتنابه. تقول: أنت سيدنا وابن سيدنا
وخيرنا وابن خيرنا وغير ذلك من الألفاظ التي يأتي بها الناس الآن من
الغلو فقد يجرهم ذلك إلى أن يدعوه ويستغيثوا به ويزعموا أنه يعلم
الغيب ومطلع على كل شيء**". ص 148. ولننظر فقط بعين النصيفة إلى
هذا النص الذي يفترض الافتراضات ويرتب عليها النتائج، ويحرك نحوها معاني

لا يستخدمها الناس ولا يسدلون بها على أي شيء خارج الطبع البشري لنرى كيف أن المسألة ستصل إلى علم الغيب والإطلاع على كل شيء، فكيف ترتبت هذه النتائج من تلك المقدمات مع البعد بينها؟!.

5. وبنفس الطريقة يتم استعراض إطلاق لفظ السيد على الشخص لنصل من خلال العرض المبسط وغير معروف الفائدة والدواعي التربوية إلى الشرك والتبديع كحالة مستحكمة في مناهجنا مهووسة بإطلاقها وتعميمها وعدم استثناء أي شيء من الشرك والبدعة والكفر؟! ص 148.

ثالثاً: المرحلة الابتدائية

لم نبدأ بالمرحلة الابتدائية رغم أهميتها لأن ما يعرض فيها يتم إعادته بالتفصيل في المرحلتين الأخريين. إلا أن هذه المرحلة التي يقدم عليها الطفل بريئاً سرعان ما تمتلئ بمشوهات تفكيرية فهو يدرس المناهج الدينية، وعليه في كل لحظة أن يقدم لك وصفاً هو إما بدعة أو شرك أو كفر، ويدرك بفطرته أن هناك قصداً يتوجه إليه من خلال ملاحظته للفوارق والممارسات التي يتعلمها من خلال نظامنا التعليمي. فالطالب الذي كان واجبه علينا أن نزيده حباً للدين وتشويقاً إلى الإقتداء به نجد أننا نقدمه له بطريقة الطرق بالمطرقة والتعبئة القهرية، فهو عليه.

1. أن يحفظ في الصفوف الأولى سوراً قرآنية دون أي شرط لفهم معانيها ويكفي أن يكررها تكرار البغبغاء، وعليه أن يحفظ بعض السور

الصعبة الحفظ في بعض مقاطعها دون أدنى تسامح فسورة الكافرون يخطأ في حفظها الكبار فكيف الصغار. وعلى الطالب أن يستخدم الحفظ الذي يتلاشى بمجرد انتهاء السنة الدراسية.

2. أن يتعلم أحكامه العبادية من وضوء وأذان ومسح على الخفين وصلاة بكل تفاصيلها وصوم وحج وفق المذهب السلفي (لاحظ مثلاً منهج الصف الرابع طبعة 1420/ 1999) مما لا يجعله والأسرة متحمسين لتطبيقها، ولكن عليه أن يحفظها لأجل النجاح والصعود إلى الصف التالي.

3. في منهج الدين للصف السادس الابتدائي (طبعة 1422/ 2001) وبالأخص في قسم التوحيد يتم فتح موضوعات الخلاف المذهبي التي ستفتح على مصراعيها في مناهج المرحلة المتوسطة والمرحلة الثانوية، ويبدأ الطالب في تكرار كلمات وألفاظ البدعة والشرك والكفر، ويبدأ بالتنبه إلى أنه متهم منذ البداية وعليه أن يتعلم أنه يمارس أفعاله السلوكية والعبادية بالطريقة التي يشرحها المنهج لا بالطريقة التي يتم تعليمه إياها مما يفتح المسألة على وجوه من الأسئلة حول الجوانب التربوية التي يتعلمها الطالب ومقدار ما يؤثر في نفسيته ويعلمه التفرقة المذهبية والاختلاف بينه وبين معلميه، وبين الفكر السلفي السعودي وغيره من الفكر الإسلامي. وتبدأ في هذه المرحلة ترسيخ فكرة صحة اعتقاد أهل السنة والجماعة فلا ترى إلا صوتها ولا تسمع إلا رأيها فيما تغيب بقية الآراء وبقية الأصوات.

4. وفي هذه المرحلة (الصف السادس الابتدائي) الذي يجب على الطالب أن يمارس عباداته نجده يدرس شيئاً لا يتصل بواقع حياته المنتمية إلى مذهب مغاير ونجد هدراً من الوقت وقلة استفادة لأنه يتعلم لأجل فكرة تسمى النجاح لا لأجل فكرة المعايشة والتطبيق.

خاتمة

لقد قدمنا هذه الرؤية لا بهدف إشعال نار العراك والاختلاف بل بهدف أن يمارس كل منا حقه فكما من حق السلفي أن يدرس أبناءه وفق مذهبه وعقيدته للآخرين نفس هذا الحق.

على أن إيجاد منهج متآخي يشارك الجميع في صنعه وتعليمه يركز على المشتركات ويبتعد عن الاختلافات ليتركها للكبار والمثقفين هو الرأي الراجح وعلينا عندما نقرر أن يكون منهج الدين هكذا أن نجعله منهجاً طبيعياً يعرفنا بالفضائل وبقيمة الآخرين دون إجحاف لحقهم في نشر الإسلام وحفظه ورعايته وبناء الحضارة الإسلامية فالقرآن يأمرنا أن نعدل للآخرين دون أي نقيصة **"ولا يجرمنكم شنآن قوم ألا تعدلوا أعدلوا هو أقرب للتقوى"**. وإذا لم نكن عادلين فنحن بالضرورة نمارس الظلم الذي نهى عنه القرآن في أكثر من موضع.

إننا بحاجة لتصحيح أخطائنا وفهم أنفسنا والعمل جميعا على بناء الوطن والثقافة بعيداً عن التباغض والتعادي لأن مشتركات الدين أكثر من

الاختلافات ولأن الجميع بحمد الله مسلمون يؤدون ما عليهم من الفرائض والواجبات ويطلبون رضا الله، ويشملهم وصف الأمة بأنها خير أمة أخرجت للناس.[5]

([5]) أبحاث مؤتمر الحوار الوطني السعودي – تقرير حول مناهج التعليم الديني في السعودية.. المسألة الشيعية – موقع أون إسلام – 17 /2/ 2004 – الرابط:
http://www.onislam.net/arabic/newsanalysis/documents-data/releases-declarations/83778-2004-02-17%2017-34-31.html

الخيال العقدي في تأسيس حزب الله السعودي

منذ إنتاج مصطلح الإسلام السياسي أو الأصولي لتوصيف حراك الكيانات والجماعات العقدية لتطويع السلطة والسيطرة عليها من خلال عملية استحواذ في غالبها عنيفة، فإن حال المجتمعات الدينية تبدلت للأسوأ ودخلت العملية السياسية في كثير من تلك المجتمعات أنفاقاً مظلمة قائمة على توازنات لا تبدو موضوعية بما يحفظ الأمن الاجتماعي والوطني، وإن كان هناك من نجاح فإنه في الغالب يرتبط بإبعادها عن مباشرة الدور السياسي والاكتفاء بواجبات نصحية أو دعوية دون امتداد في الفكر السياسي أو ممارسة السياسة البراجماتية.

أصبحت تلك الحركات والكيانات والجماعات بمثابة مخالب سياسية ذات غطاء ديني يغازل أشواق الجماهير بالشعارات والخطاب الديني الذي يستغل الفراغات الفقهية في فهم الناس مما يسهل انقيادهم، لأنهم يبحثون عن الخلاص، وذلك ما سمح بشيوع فكرة الاستغلال والاستهتار بالطموحات العقدية للبقاء بجانب الحق، فدخلت كثير من الصور المتوهمة في العقل الاجتماعي، وتيسر الى حد كبير استقطاب الشباب الغض لبرامج تلك

الجماعات، وفي جميع الأحوال كان هناك استغلال مريع للدين وتوجيهه في سلوك الأفراد.

حقيقة غائبة

في مجتمعاتنا الإسلامية عموما يسهل أن يجنح شيخ أو عالم للارتداد على وضع قائم بأفكار إصلاحية خشنة وغير مدروسة أو متوازنة، ذلك يحدث نوعاً من الاضطراب المطلوب لتهيئة الشباب والتغرير بهم من أجل إعادة ترتيب فكرهم وتوجيههم بحسب عقيدة مستجدة تنازع سلطاناً قائماً بأي دعاوى متاحة أو ممكنة تتعلق بمظالم أو فساد أو إهدار حقوق، وتلك حالات يمكن الزعم فيها بكثير من الأوهام وفتح الخيال العقدي لكل ما من شأنه أن يعزز تكوين جماعة أو كيان أو جسم ديني جديد قابل لإحداث شرخ في البناء الاجتماعي، وللأسف ذلك ممكن في المجتمعات الإسلامية لأن الكثيرين يبحثون عن صواب تائه أو حقيقة غائبة أو إدراك يتطلب ذكاء مفقودا ما يسهّل اصطياد أصحاب الأغراض لهؤلاء.

وفي واقع الأمر فإن تكوين تيار ديني أسهل في مجتمعات لم ترق الى المستوى العقلي المثالي، يمكن تعبئة الحشود، سراً أو جهراً، بصورة متسارعة أكثر من انقيادهم لأفكار وضعية ثابتة أو جامدة، لأن الدين بالفعل متحرك عقليا والأفكار الدينية هي الأكثر قابلية للتعرض لمعادلة الصدق والكذب، وحين يستند عاجز عقلياً إلى من يضلله ويوهمه فإنه يتبعه بصورة تقترب من

التنويم المغناطيسي، وذلك يمكن مقاربته بكثير من حالات الاتباع والنشوز السياسي عبر التاريخ الإسلامي في جميع العصور وحتى عصرنا الحديث، حيث يمكن الاستشهاد بأكثر من نموذج علماء أو مشايخ أو حتى قادة عاديون كما في نموذج جهيمان والقاعدة و"**كميات**" المدعين للمهدي المنتظر التي لا يزال يدعيها المهووسون في شتى بلاد العالم الإسلامي.

التضليل العقدي

التضليل العقدي لا يقتصر على مذهب دون آخر، ذلك يشمل السنة والشيعة مما هو معروف أصالة وبالضرورة، وإذا كانت هناك فوضى في الحراك الديني ضربت المذهب السنّي ولا تزال، فإن المذهب الشيعي أيضاً أصابته حركة التكوينات العقدية التي تؤسس لمشروعات سياسية بغطاء ديني يعمد إلى استغلال المشاعر والعبث بوجدان الاتباع، وهنا استشهد بحالة حزب الله التي تفرعت في لبنان والسعودية فيما يعرف تارة بحزب الله الحجاز أو حزب الله السعودي، وهو في الواقع تأسيس سياسي لتمكين المذهب وممارسة دور سياسي في وسط سنّي، وبغض النظر عن المجازفة والمغامرة في الفكرة السياسية لذلك، إلا أنه ليس حكيماً منازعة سلطة سنّية بأجندة خارجية تستهدف سلامة أوطان أو مجتمعات مستقرة، ذلك يصبح تشويهاً للمذهب وتخريباً متعمداً لسلامة أصحاب المذهب.

حزب الله الحجاز فكرة سياسية هدّامة لا تستند إلى أي منطق ديني أو سياسي، لأننا يمكن أن ننظر في البناء الاجتماعي للمملكة لنلمس أن هناك توحداً والتفافاً حقيقياً لا يمكن تشويهه بسلوك مضاد غير مطلوب وغير مجد، ولا يمكن أن يكتسب أي أهمية طالما الجميع تحت نظام واحد لا يسمح مطلقاً بالخروج على ثوابت وطنية تعاقد وتعاهد عليها أبناء الوطن من أجل حمايته والحفاظ على أمنه واستقراره، ووفقاً لذلك فإن الهدم عامل أساسي في تكوين مثل هذا الكيان غير المنطقي وغير الموضوعي الذي يتضاد، عملياً وفكرياً ودينياً، مع الالتزام الوطني والديني بثبات الحالة الاجتماعية والتعبير عن نفسها بحسب أطر وأسس متفق عليها منذ تأسيس الدولة.

مشروع خارجي

هذا الحزب نشأ بمرجعيات سياسية عنيفة وعدائية لا مبرر لها غير تعكير حياة الطائفة الشيعية، وإنتاج أجيال وشباب مصادم دون هدف أو جدوى، وتلك النشأة لا يمكن القفز عليها دون تأكيد عدوانية الحزب وسعيه لتخريب سلام الوطن، فمبعثه الشيعي جاء من خارج لحاجة وأهداف خارجية لا علاقة لها بأي ترتيبات تتعلق بشيعة السعودية، وهو انعكاس لفكرة تصدير الثورة الخمينية في إيران، وبالتالي لعب دور سياسي لا يتوافق مع مقتضيات الواقع الداخلي القائم على التعايش وتعزيزه وتحقيق أقصى مستويات ودرجات التقارب بين المكونات الاجتماعية والمذهبية التي تحقق المصلحة الوطنية العليا.

استغلال الحراك الشيعي وتعبئة الشيعة لمشروع خارجي ليس أمراً يمكن القبول به، ذلك يحقق مصالح آخرين خارجيين ويضيع مصالح الشيعة في الداخل في أن يكونوا ضمن نسيج اجتماعي مسالم ومتعايش وبريء من أي اتهامات أو تشويهات عقدية وسياسية، وإنشاء الحزب قام في الواقع على **"استخدام السلاح وتبنّي العنف وبالتالي تسييس الهوية الشيعية السعودية بعد أن جرى استيراد ولاية الفقيه بنسختها الشيرازية عبر أتباع السيد محمد الحسيني الشيرازي الذي كان سباقا إلى إحياء نظرية ولاية الفقيه في ستينات القرن الماضي، ودخول الحركات الدينية على خط التثوير الاجتماعي".** (صحيفة الشرق الأوسط، العدد 12887، 11 مارس 2014م)

اختراق الثوابت الوطنية

تسييس المذهب كان أحد أخطر الأساليب والسلوكيات الهادمة لأي حق شيعي في التجانس والتعايش والتقارب، وإهدار إجرامي للحق في العيش في وطنهم بسلام، فهذا الوطن عرف بثوابته التي ظلّت غير قابلة للحراك منذ توحيده وتأسيسه، والعبث بذلك لا بد أن يكون مكلفا وله ثمنه الباهظ، ففكرة الوطنية الحديثة قائمة على: ثقافة مشتركة، وأنظمة ومؤسسات سائدة ومشتركة، اجتماعية أو اقتصادية تميز أبناء الوطن الواحد عن غيرهم، أو يعتقدون أنها تميزهم عن غيرهم، وأرض ينتمون اليها هي في عرفهم أرضهم

وأرض أجدادهم، ونظام أو سلطة مشتركة مستقلة، وتاريخ مشترك للجماعة أو الاعتقاد بأنه مشترك، وحب أبناء الوطن الواحد بعضهم البعض.

اختراق هذه الثوابت الوطنية بحسب محددات الفكر السياسي يعني شغباً وعداءً للدولة والوطن، وبالتالي فإن أي تسييس لعقيدة الناس يقودهم بالضرورة الى تخريب وهدم وطنهم وخضوعهم لمؤثرات وعوامل خارجية تسعى لمصالحها على حسابهم، فتصدير الثورة الخمينية ينبغي ألا يشغل شيعة السعودية أو يكون جزءاً من نمط حياتهم وسلوكياتهم العقدية والتعبدية أو دورهم في الحياة السياسية، هم غير مسؤولين عن طموحات تلك الثورة وغير معنيين بخروجها عن الحدود الإيرانية، ويمكن أن يمارسوا شعائرهم المذهبية في نطاقاتهم الجغرافية وفي أي مكان داخل وطنهم بحرية طالما لا يؤثرون سلباً في غيرهم.

إهدار الحق العقدي

وقبل أن نخلص الى أن فكرة حزب الله الحجاز من الأفكار السياسية غير المجدية أو هو كيان سياسي ظرفي جامد وإن أصابه نوع من التخميل تحت الضغط الأمني أو الرفض الشعبي، لا بد أن نستوعب ظروف إنتاج ونشأة مثل هذه الكيانات التي لا ينبغي لها أن تتكرر بما يسمح بمزيد من التوظيف الديني لنفسية الجماهير واستباحة عقلياتهم وتجنيدهم لمشروعات سياسية نفعية تلقي بظلالها السالبة وانعكاساتها المريرة على فكرة التعايش

وسلامة المجتمع الشيعي، فمثل هذه الحراكات غير مستقرة وهاربة دوماً من مواجهة حقيقة عجزها عن التأثير الاجتماعي وإنما منافحة السلطة الوطنية وتقديم بعض أبناء الشيعة قرابين لأوهام مذهبية وخطاب طائفي غير سليم لا يتسق مع المطلوبات الحقيقية للشيعة.

ومن حيث المبدأ فإن تسييس الحزب أمر وسلوك نفعي يهدر الحق العقدي لأتباع آل البيت بالطريقة التي يعتقدون بصحتها، والتسييس أمر لا يمكن إنكاره خاصة وأنه يأتي بعامل خارجي، بحسب ما أشرت سابقاً، وهو ما يؤكده بدر الإبراهيم ومحمد الصادق في كتابهما المشترك: **"الحراك الشيعي في السعودية.. تسييس المذهب ومذهبة السياسة"** برصد النشأة من خلال حركة **"الطلائع الرساليين"** عام 1968م بقيادة المدرسي ومباركة الشيرازي، الذي انتقل فيما بعد إلى الكويت في العام 1970م هرباً من النظام البعثي في العراق، وبدأ من هناك تسييس تياره في الخليج بعد تمكنه من إقامة حوزته العلمية مدرسة **"الرسول الأعظم"** مستقطبة بعض الشباب الخليجيين حتى ظهرت بوضوح مع بداية السبعينات معالم ما بات يعرف في الخليج بـ **"التيار الشيرازي"**. (**صحيفة الشرق الأوسط، العدد 12887، 11 مارس 2014م**)

وعقب نجاح الثورة الخمينية في إيران وبروز طموحاتها التوسعية في المنطقة، ودعمها لأي تيارات أو أجسام قابلة لتوظيفها لصالح تصدير الثورة،

وتزامن ذلك نسبيا مع حركة جهيمان السنّية، ليبدأ حراك شيعي عمد إلى استغلال الظروف، وتمكّن التيار الشيرازي في تلك الفترة من استخدام الحسينيات للتعبئة والتحريض على التحرك والبدء في تشكيل هوية جديدة للجمهور في القطيف بإعادة قراءة تاريخ الحسين وكربلاء بشكل ثوري، وتلك الحالة أفرزت لاحقا متواليات مذهبية سياسية أدخلت المذهب الشيعي في متاهة دينية وسياسية كان بإمكانها أن تضحّي بأتباع المذهب دون طائل موضوعي، ويجعل الجميع في وضعية اتهام وتخوين وتشويه لحقيقة المذهب، لأن الثابت أن أي تسييس للدين يعني وضعه بدلاً من رفعه، وجعله نهبا لاجتهادات هذا وذاك، وظهور جيوش من الظلاميين العدائيين الذين تسيطر عليهم فكرة مقدسة على استعداد لفرضها لو راحوا ضحية لها أو راح رافضوها ضحية لها، وذلك غير صحيح.

حدود الزمان والمكان

حالة الحراك الشيعي تطورت سلباً مع تلك الوقائع حين تم تأسيس **"منظمة الثورة الإسلامية في الجزيرة العربية"** التي تعد فرعا من حركة **"طلائع الرساليين"** لتمثل المنظمة الشيرازيين السعوديين، ولتبدأ بتصدير البيانات السياسية المعارضة للسعودية من الداخل الإيراني بعد خروج عدد من قيادات الحراك إلى طهران، وبالإضافة إلى **"منظمة الثورة الإسلامية في الجزيرة العربية"**، كانت هناك **"الجبهة الإسلامية لتحرير البحرين"** بقيادة

السيد هادي المدرسي، و"**منظمة العمل الإسلامي في العراق**" بقيادة الشيخ قاسم الأسدي، و"**منظمة تحرير عمان**". وتعود جميعها إلى قيادة القائد الأعلى للحركة محمد تقي المدرسي، (**صحيفة الشرق الأوسط، العدد 12887، 11 مارس 2014م**)، وذلك يعني أننا أمام حركة إقليمية تكتسب البعد الخارجي الذي يحرك الداخل، وبالتالي تنتفي القيمة الوطنية لأي مطالب أو اتجاه لأي افتراضات تتعلق بالحقوق المذهبية.

وإن كان أمر التلقّي العلمي أمراً طبيعياً باعتبار أن العلم لا يخضع لحدود الزمان والمكان، إلا أن الممارسة السياسية بالمرجعية الخارجية هو المشكلة والأزمة التي تخنق المذهب ومجتمعه الذي لا ينبغي أن يكون رهيناً بتوجهات من تعلموا خارجاً وقدموا بأجندة غيرهم التوسعية والتخريبية، وذلك ما حدث باتجاه بعض العلماء إلى إيران في العام 1980م أي عقب تمكّن الثورة الخمينية وواصلوا دراستهم الدينية هناك، ما أفضى الى تشكيل ما يعرف بـ "**تجمع علماء الحجاز**" بهدف نشر مرجعية الخميني بصفته فقيها بولاية مطلقة في منطقة القطيف والأحساء التي كانت تدين لمرجعية النجف بالولاء، وذلك التجمع عرف أيضا بمسمى "**خط الإمام**" نسبة إلى الإمام الخميني الزعيم الروحي للجماعة، وهذا المسمى كان تعبيراً عن الخط السياسي والدعوي، فيما أصبح "**حزب الله الحجاز**" تعبيرا عن الخط العسكري.

<u>**ثقوب في حقيقة التشيع**</u>

وجود جسم عسكري غير لائق ببراءة وسماحة المذهب، فهناك كثير من الأسئلة السياسية والأمنية والدينية حول تأسيس فرع عسكري لتيار يفترض أن يقدم إضافة لتطوير الدعوة الشيعية وتعزيز التشيع دون تأثير خارجي في الأوساط الشيعية، فنحن أمام انحراف فكري في تأصيل العقيدة الشيعية والنأي بها عن متاهات ومسارات الاستعداء السياسي وتضييع الحقوق الشيعية في الأمن والسلام والعيش المشترك بحسب أدبيات الدين والفكرة الوطنية الحديثة، ولذلك مارس الحزب جهداً تخريبياً هادماً وصادماً لمرونة المذهب في مواجهته لتحدياته، وأضاف الى الشيعة تحديات غير محسوبة وليست مطلوبة ولا تتفق مع المزاج الشعبي في التعايش.

أحدث الحزب كثيراً من الفجوات والثقوب في حقيقة التشيع والشيعة، وكأنه يستنسخ ما قام به نظراؤه السنة في العمل باجتهادات خارجة على سلطان الدولة كما فعل جهيمان سابقاً، و"**القاعدة**" تالياً، رغم أن كل التجارب تؤكد الفتنة الكامنة في الخروج على ولي الأمر الحاكم ومناكفته في تدبيره لأمر الناس وسياستهم بحسب الواقع والمعطيات الشرعية والاجتماعية المنصوص والمتفق عليها، وقد دخل الحزب في سلسلة أنشطة عدائية ضد الدولة وارتكب جرائم إرهابية لا يمكن أن تتفق مع الثوابت الشيعية بأي حال، وإنما مع الأجندة الخارجية والطموحات المذهبية للمرجعيات الإيرانية التي تتخذ شيعة الداخل وقودا لعدائها ضد بلادهم.

تلك الجرائم الإرهابية لها ذيولها الإيرانية وبحسب إرهاب الخبر الذي نفذه الحزب في العام 1996م والذي راح ضحيته 19 جنديا أمريكياً, إضافة إلى 372 في التفجير, يشير لويس فريه, رئيس مكتب التحقيقات الفيدرالي الأمريكي السابق، إلى أنه "**وبفضل علاقاتنا المستمرة والمتطورة دائمًا، مع السعوديين والمباحث (..) كان بمقدورنا التحقيق لأول مرة مع السعودي الشيعي مصطفى القصاب، ففي أواخر الثمانينيات من القرن الماضي، سافر القصاب من السعودية إلى إيران كي يلتقي بأحمد المغسلي، رئيس الجناح العسكري لحزب الله في السعودية. الآن وبعد عقد من الزمن، شرح لنا القصاب بالتفصيل، التخطيط، والعناصر اللوجستية التي استخدمت في تفجير الخبر، بحيث تتبع الخيط إلى إيران بشكل لا يمكن دحضه؛ وبالنسبة لي، تم ربط المعلومات ببعضها بعضًا بشكل دقيق وصحيح بشكل نهائي**". (صحيفة الاقتصادية، العدد 7453، 8 مارس 2014م)

تلاشي الحزب

السلوك السياسي لدى حزب الله الحجاز يؤكد الطابع العدائي لمن يتبعون له ومن يحركونه، ولا ينسحب ذلك بالضرورة على كامل المذهب الشيعي، تماما كما هو القياس على تنظيم القاعدة والجماعات التكفيرية والإرهابية التي ترفع الشعارات الدينية وتقصي الآخرين وتخرج على سلطة

وولاية الحاكم الشرعي الذي لا يجوز الخروج عليه إلا في فقه طالبي السلطة وأصحاب الأطماع الدنيوية، وحين استمر الحزب في عدائه للدولة كان من الطبيعي أن يواجه بالحزم الأمني الضروري في مثل هذه الحالة، وذلك أمر طبيعي لأنه من غير المقبول أن يسمح باختراق سياسي أو أمني يهدد الأمن الوطني والاجتماعي، ولكن هل تلاشى الحزب؟ بالتأكيد ذلك لا يكفي رغم الأحكام القضائية بالإعدام والسجن والنصح، وإنما "**عمد الحزب الى تغيير تكتيكاته، باستخدام استراتيجية جديدة تمثلت في استهداف العناصر الدبلوماسية فنقل معركته إلى السفارات السعودية في الخارج، حيث تخللت عام 1989م عمليات تفجير كثيرة للعديد من السفارات السعودية من بانكوك إلى أنقرة، راح ضحيتها العديد من القتلى والجرحى**". (**مجلة المجلة: خالد المشوح، "حزب الله" الخليج.. تاريخ من المؤامرات باسم المقدّس والطائفة".. قصة النهاية، 15 نوفمبر 2011م**).

ولا يمكن بحال الجزم بارتداع الحزب عن توجهاته العدائية، وإنما هناك خمول في أنفس بعض الذين يقبلون العنف وسيلة للتعبير، وهؤلاء أعضاء محتملين فيه، ولكن الأمور لا تقاس على ما في الضمائر وإنما بالمجاهرة العملية، ولكن الفكرة أن مثل هذه الاتجاهات المذهبية والدينية يجب أن تقصى من العقل الاجتماعي، للسنة والشيعة على السواء، لأنها ضارة بأمن المجتمعات، وتوفر ضحايا لأفكار هدّامة يقف وراؤها أصحاب طموحات

سياسية بأغطية دينية تستغل أصحاب الحاجات والذين يغرر بهم، والدين أكثر العوامل التي يمكن من خلالها اختراق الأفراد وتوجيههم بصورة عقدية كاملة نحو أمور تتعلق بالحق ومنهج الرسول في الحياة، وذلك لا يعني بالضرورة أن العقلية الدينية هشّة ولكن يمكن استغلالها حين يتصدّر لاستقطابها مضلل أو زاعم بقوة غرائبية تذهل البسطاء والذين يحتاجون لدليل أو مرشد روحي.

أجندة نفعية

ومرجعية كيان وتنظيم ديني أو مذهبي مثل حزب الله الحجاز لا يمكن أن تقوى أو تصبح ذات تأثير دون وجود مراجع أو مرجعية ذات نفوذ في قناعات الناس، ودعم وسند خارجي يوفر الأدوات الحركية الضرورية لعمليات الاستقطاب والتجنيد، وذلك أمر تؤكده محكمة فيدرالية أمريكية حين اتهمت في يونيو 2001م 14 شخصاً بالمشاركة في تفجيرات الخبر، وبحسب وزارة العدل الأمريكية، فإن 13 من أفراد الخلية الارهابية هم عناصر في حزب الله فرع الخليج، المدعوم مباشرة من إيران، في حين أن الشخص الأخير ينتمي إلى حزب الله اللبناني، وقال وزير العدل حينها جون اشكروفت إن قرار المحاكمة يؤكد دور إيران الرسمي في التفجيرات عبر دعم ومساندة وتوجيه أفراد حزب الله الخليجي. (**مجلة المجلة، "حزب الله" الخليج.. تاريخ من المؤامرات باسم المقدّس والطائفة".. قصة النهاية**).

ومن خلال رؤية سياسية لأي مكونات سياسية تحت غطاء ديني أو اجتماعي، يمكن الجزم بعدم موضوعيتها أصالة في تأسيس وضع سياسي سليم أو سلس يقود المجتمعات إلى صلاحها وخيرها، لأنه دائماً هناك أجندة نفعية وانتهازية كامنة خلف الستار لا يعيها أو يدركها المضللون ومن يتم تجنيدهم، يصبح الجميع بيادق شطرنج في لعبة تصادمية لها غاية واحدة وهي إحداث تحولات في المصالح والسيطرة على الجماعات بغض النظر عن الحفاظ على الفكرة الوطنية، ولذلك من الطبيعي أن تسقط الأقنعة أمام مواجهة التحديات وتنكشف الأساليب غير السليمة، خاصة إذا كان الامتداد الخارجي هو الذي يسير الجماعة أو ينظم حركة الكيان الديني والسياسي.

انكشاف الأقنعة

بعد أحداث الخبر الإرهابية اعترف المقبوض عليهم بوجود مجموعة أخرى، بينهم لبناني مرتبط بحزب الله "**ولا يُعلم عن مصيره أو هويته الرسمية سوى من اسم مستعار وبعض الملامح الشكلية، وهناك السعوديون عبد الكريم الناصر وأحمد المغسل وإبراهيم اليعقوب وعلي الحوري، وكانت هناك لائحة اتهام موجَّهة إلى 13 سعودياً ولبناني واحد مجهول**"، و"**بعد فترة قصيرة، وتحديداً في 19 أغسطس 1996م، قبضت السلطات السورية على المواطن السعودي جعفر الشويخات (من مدينة سيهات)، لكنه مات في السجن بعد يوم، وقال السوريون إنه**

انتحر بصابونة غسيل في دورة المياه (!) ودُفن في دمشق. وانتهاء الشويخات دون التحقيق في ظروف الاغتيال أوجد مزيداً من الشك حول دوره، وقد يكون بإنهائه ضاعت أسرار عدة تقود إلى الرأس الكبير في العملية". (صحيفة الرياض: فارس بن حزام، حزب الله الحجاز، 6 ديسمبر 2005م)

وحين تنكشف الأقنعة وتتوارى الأجندة الخارجية لا بد أن ينتهي الأمر الى أوضاع تصالحية تستدرك وتستوعب حقيقة ما يجري باسم الدين، فمثل هذه الحالات تنتج مزيدا من الضحايا الذين يخدمون أفكاراً كبيرة موهومة وغير حقيقية، وغير قابلة للتحقق على أرض الواقع لأنها تنشأ وهي معزولة عن المطلوبات الرئيسية للجماعات حتى لو ارتبطت بحاجات روحية ووجدانية للأتباع، فسريعا ما يدركون في لحظة نقاء أنهم لا يمكن أن يصلوا إلى محطتهم النهائية للأمن والسلام الداخلي الوجداني والوطني، أنهم ضحايا لاستغفال أصحاب الأجندة السياسية والدينية ليس إلا، وهي مفارقة تتطلب محاسبة كل من يقدم على التغرير، سنّياً أو شيعياً، لأنه جريمة أخلاقية ودينية وإنسانية، ومن يؤمن بفكرة عليه أن يمضي اليها لوحده إن امتلك الشجاعة والجرأة دون أن يهدر حق البسطاء في امتلاك الوعي بحقيقة الهدف النهائي لحراكه.

عيوب التبعية الخارجية

الشاهد في كمون حزب الله الحجاز والحراك الشيعي بصورة عامة أن الدولة أصدرت في العام 1993م قراراً سياسياً عاد، وفقاً له، كثير من المعارضين الشيعة من المنفى في إيران ولندن وأمريكا، وتم تحقيق عدد من مطالبهم الواقعية، وأصبحوا فاعلين في مجتمعهم، وذلك هو الانتهاء الحقيقي لأي ممارسة سياسية لا تمتلك جرعة نفعية ومبرأة من عيوب التبعية الخارجية، وفي تلك الفترة تم الاتفاق بين الحركة الإصلاحية الشيعية والحكومة السعودية، على إغلاق مكاتب الحركة في الخارج وإغلاق المجلات الصادرة عنها، وإنهاء النشاط السياسي في الخارج، وقطع العلاقات القائمة بين الحركة وبين المنظمات الأجنبية، والانخراط الهادئ والفاعل في المجتمع والمؤسسات الحكومية، وهكذا استقام الأمر لأنه تخلّص من العامل والتأثير الخارجي، بما يؤكد القيمة الإجرائية والسياسية العالية للحوار في أي افتراقات سياسية أو دينية بين السلطة ومواطنيها.

ويحسب للمعارضة في ذلك الوقت استيعابها للأجندة الخارجية ودورها الهدّام تجاه وطنها الذي يحتضنها ويحتضن أهلها في أرض نشؤوا عليها هي أرضهم وأرضهم أجدادهم ويعيشون فيها بشكل مشترك مع مواطنيهم الآخرين، وذلك ما أكده الداعية الصفار بقوله: **"بعد احتلال العراق للكويت واستعانة دول الخليج بقوات التحالف لتحرير الكويت، دخلت المنطقة وضعاً جديداً، ورأينا الخطر محدقاً ببلادنا، وقد بذل النظام العراقي الزائل جهوداً مكثفة لاستمالتنا نحو موقفه، بأن نعارض مجيء**

قوات التحالف، ونصعّد معارضتنا للنظام في المملكة، واتصلت بنا حركات إسلامية كثيرة تشجعنا على ذلك، لأن الموقف العام عندهم كان بهذا الاتجاه، ولكننا درسنا الأمر بموضوعية وبروح وطنية، فقررنا أن ننحاز لوطننا، وأن نقف معه في وقت المحنة والشدة، فأعلنت في تصريح بثته وكالة رويتر للأنباء في وقته، بأننا وإن كنا نعاني من بعض المشاكل، إلا أن ذلك لا يعني أن نقف مع العدوان العراقي أو نبرر له، ورفضنا كل الإغراءات، وطالبنا أهلنا بالتطوع للدفاع عن الوطن، وبحفظ الأمن والاستقرار في ذلك الظرف الحساس، هذا الموقف قابلته حكومة خادم الحرمين الشريفين بالتقدير".

وإزاء هذه الصورة النموذجية للوطنية وعدم توظيف المذهب في مسارات سياسية غير حميدة تفرز ورما وطنيا في الضمائر والوجدان، يعتدل ويتوازن الحراك ويصبح نقديا مطورا ومشاركا في البناء الوطني، لأن تغييب العامل الخارجي هو الفيصل والحاسم في أي دور للفرد أو الجماعات، وحين يتبرأ ذلك الدور من التبعية المطلقة أو النسبية للخارج، لا يمكن إساءة فهمه وإنما يدعم التطور الطبيعي للوطن والمجتمع ويحمي المذهب من اختراقات الممارسة السياسية الانتهازية التي تستغل وتضلل وتوهم وتنشر الأوهام العقدية وسط البسطاء وتستغل احتياجاتهم الدينية لتحقيق أهداف وطموحات غير شرعية على حساب المذهب والوطن، ولا يتبقى إلا استدراك أولئك الذين يناmون على أفكار تصادمية ربما لا تزال كامنة في النفوس يجب أن يتطهروا

منها ويعملوا بصورة نقية من أجل أهداف مشروعة لصالح المجتمع الشيعي دون مزايدات أو مكاسب رخيصة.(6)

---

(6) الخيال العقدي في تأسيس حزب الله السعودي – سكينة المشيخص – موقع مجلة أنحاء الأليكترونية – 12/ 6/ 2014 – الرابط:

http://www.an7a.com/141374

الإبراهيم: السُّعار الطائفي أنتَجَه تحوُّل الجماعات المذهبية إلى جماعات سياسية

- **الطائفيّة حالة عابرة للحدود!**
- **لا توجد لدينا أبحاث مهمة تتناول القضايا والملفات المهمة المطروحة على الساحة السعودية!**
- **غالب ما نعود إليه في إطار البحث في مشكلاتنا وقضايانا هو ما يكتبه الباحثون الأجانب!**
- **الأفراد في المجتمع السعودي يُعبّرون في المجال السياسي بالهوية المذهبية!**
- **تسييس المذاهب وتحويلها إلى تكتلات سياسية أوجد الانقسام الاجتماعي الحادّ لدينا!**
- **الانشغال بشرح الأفكار وتوضيحها أفضل من الانشغال بالرد على اتهامات في النيات!**

يؤمن الكاتب بدر الإبراهيم صاحب كتاب "**الحراك الشيعي في السعودية**" بالتعاون مع محمد الصادق بأنّ لدينا صوراً نمطية تخالف الواقع ويتمّ ترويجها إلى درجة الاستسهال!

ويرى بدر في هذا الحوار أنّ علينا واجب البحث عن الصور الواقعية وتقديمها وفق رؤية وتحليلٍ مختلفين عن ما هو سائد، لكي يخرج هذا التحليل من ثنائية الدفاع/ الهجوم التي طبعت غالب التحليلات والرؤى المطروحة حول كثير من مشكلاتنا الداخلية وقضايانا المصيرية.

فإلى نصّ الحوار مع الكاتب بدر الإبراهيم:

<u>**هل لنا أن نتعرف بداية على الحالة الشيعية وكيف تُقدَّم في السعودية؟**</u>

– الحالة الشيعية في السعودية متنوعة، وهذا التنوع يشمل الأفكار والرؤى والاتجاهات السياسية، كما يشمل الاجتهادات الفقهية، لكن المشكلة تقديم الحالة الشيعية في السعودية بوصفها حالة جامدة خالية من التنوع، وتقديم الشيعة ككتلة صماء، وهذه الصورة النمطية التي يتم ترويجها تخالف الواقع، وأعتقد أننا نعاني من استسهال التنميط على حساب البحث عن الصورة الواقعية.

لا يمكن أيضاً أن نغفل دور الأزمات الطائفية في التأكيد على هذه الصورة، ففي حالة الاستقطاب السياسي الحاد على أسس طائفية يدور الحديث حول معسكرات طائفية متراصة، ويغيب أي حديث عن تنوعات داخل هذه المعسكرات، ومن يحاول إخراج نفسه من هذا الاستقطاب يُهاجم من طرفي الصراع، وعليه فإنّ الحديث عن أبناء مذهبٍ ما في وقت الأزمة

يتخذ طابع التشكيك بأي تنوع أو اختلاف بينهم، وبأنهم جميعاً يشبهون بعضهم في القناعات والمواقف.

لماذا تهتمّ وسائل الإعلام المختلفة بإبراز الشيعة السعوديين في كلّ أزمة أو حدث محلي بشكل لافت؟

– هناك وسائل إعلام عربية وأجنبية تهتم بإبراز الشيعة السعوديين باعتبارهم أقلية، ويبدو أنّ هذا الأمر سائد في معظم وسائل الإعلام الأجنبية، والحديث غالباً يتمحور حول وضع هذه الأقلية وعلاقة ذلك بالتعقيدات الإقليمية والصراعات الجارية في المنطقة العربية، وفي العموم تنعكس الأزمات الإقليمية على الواقع المحلي وعلى إبراز الشيعة السعوديين إعلامياً.

كيف تنظر للكتابات والتحليلات التي تتعلق بشيعة السعودية؟

– كان أحد دوافع كتابة كتاب: **"الحراك الشيعي في السعودية"** هو تقديم رؤية وتحليلٍ مختلفين عن ما هو سائد، وأن يخرج هذا التحليل من ثنائية الدفاع/ الهجوم التي طبعت غالب التحليلات والرؤى المطروحة حول المسألة الشيعية في السعودية، فهناك هجومٌ يبنى على أسس طائفية، أو على أساس تصورات تفتقد للموضوعية، وهناك دفاعٌ مبني على الحمية الطائفية، لا تهمه الموضوعية بقدر ما يهمه الدفاع عن **"الطائفة"** في وجه مهاجميها وضد

"**التهديد**" الذي تتعرض له، ويعتبر كل رؤية نقدية انحيازاً للمعسكر الآخر وهجوماً لابد من صدّه.

في أوقات الأزمات والاحتقان وتنامي الحسّ الطائفي، يكون الخروج من هذه الثنائية أصعب، ويغرق فيها عدد كبير ممن يطرحون تحليلاتهم في هذه المسألة، لذلك حرصنا في الكتاب على الخروج من هذه الثنائية قدر الإمكان، وتقديم مقاربة أكثر موضوعية للمسألة الشيعية، وقراءة أسباب المشكلة الطائفية بطريقة مغايرة عن القراءات السائدة.

إلى أي شيء تعزو الفقر على مستوى البحث في الحالة الشيعية السعودية؟

– أعتقد أن البحث ليس فقيراً فقط على مستوى الحالة الشيعية في السعودية، بل إنه فقير في كل الملفات والحالات المختلفة داخل السعودية، فلا نجد أبحاثاً مهمة تتناول القضايا والملفات المهمة المطروحة على الساحة السعودية، وغالب ما نعود إليه في هذا الإطار الباحثون الأجانب الذين يقدمون أبحاثاً في قضايا البلد المختلفة.

ربما يعود هذا إلى تحرُّج الباحثين السعوديين من الخوض في غمار بعض القضايا والملفات الشائكة، والإحساس بعدم وجود حرية كافية لطرح هذه الملفات بحثياً بشفافية عالية، أيضاً غياب أدوار فعالة لمراكز أبحاث متخصصة يمكن أن تغذي الجانب البحثي عبر إصدار أبحاث وعقد مؤتمرات

كبيرة تقدم فيها أوراق مهمة حول مختلف القضايا، تساهم في حالة الفقر هذه.

هل قلبت الثورة الإيرانية موازين القوى داخل المنظومة الفكرية الشيعية في شقها السياسي الاجتماعي؟

- باعتقادي أن الثورة الإيرانية أثرت خارج الحالة الشيعية كما أثرت داخلها، فقد كانت الثورة الإيرانية ملهمة لحركات الإسلام السياسي.

الثورة الإيرانية شكّلت ركيزة مهمة في إيجاد ما عُرِف لاحقاً بالصحوة الدينية، وشجَّعت كل حركات الإسلام السياسي على البروز، وحتى خصوم الثورة الإيرانية من الإسلاميين السنة تأثروا بالنموذج الذي قدمته، وأرادوا أن يكون لهم نموذج مشابه ولكن على طريقتهم هم.

في الحالة الشيعية كانت الثورة الإيرانية انتقالاً بالخطاب الإسلامي الشيعي من الركود والتقليدية إلى العمل الحركي المنظم والدخول في عالم السياسة، وانتعشت حركات الإسلام السياسي الشيعية بفضل هذه الثورة، بعد أن كان الخطاب الديني السائد في الحالة الشيعية معتزلاً العمل السياسي، ولاشك أن هذا الأمر غيّر كثيراً داخل الحالة الشيعية، فقد أصبح الخطاب المسيّس يزاحم الخطاب التقليدي وينافسه على الجمهور الشيعي، وظهر صراعٌ بين التيارات المسيّسة والتقليدية داخل الساحة الشيعية كان له أثره الاجتماعي.

تاريخياً لم تمتلك حوزة النجف (وهي المرجعية الدينية الأكبر للشيعة السعوديين) مشروعاً سياسياً، ولا يؤمن فقهاء هذه الحوزة بالانخراط في العمل السياسي، وما حصل بعد الثورة الإيرانية هو اقتحام الفقيه الشيعي المجال السياسي عبر نظرية "**ولاية الفقيه**" التي كانت أساس دولة الثورة في إيران، وهذا أوجد انقساماً داخل الساحة الشيعية في السعودية تحدثنا عنه في الكتاب بين التيار التقليدي التابع لمدرسة النجف، وبين التيار الإسلامي الحركي الصاعد مع زخم الثورة الإيرانية، الذي يشمل تيار "**خط الإمام**" المؤمن بنظرية ولاية الفقيه، والتيار الشيرازي.

أنت تقول إنّ الخطاب الشيعي لم يكن خطاباً مسيساً إلاّ بعد 1979م؛ حيث تم استيراد ولاية الفقيه بنسختها الشيرازية.. فمن أنتج هذا السعار الطائفي في المملكة؟!

– قبل ظهور الخطاب الشيعي المسيّس كان الخطاب القومي العربي مهيمناً على المستوى الجماهيري. في الواقع بعد عام 1979م وظهور الخطاب الشيعي المسيّس وتراجع المد القومي والحركات اليسارية، ظهرت بقوة الإشكالات الطائفية، لكن هذا لا يعني أنّ المشكلة الطائفية في المملكة لم تبدأ قبل عام 1979م، بل كانت موجودة بفعل ما سميناه "**مذهبة السياسة**"، وتعميم هوية مذهبية ضيقة وغير جامعة على مجمل المواطنين.

السعار الطائفي يتعلق أساساً بتحوّل الجماعات المذهبية إلى جماعات سياسية، والصراع فيما بينها على النفوذ في دول المنطقة، وهذا حصل بعد عام 1979م، ونحن اليوم نعيش سعاراً طائفياً بفعل تسييس الانتماء المذهبي وإقحام المسألة المذهبية في المجال السياسي، وتحوّل أبناء المذاهب إلى رعايا طوائف تتحرك في الفضاء العام كوحدات سياسية تعمل على تحقيق مصالح رعاياها، وهذا يعزز الانقسام في المجتمعات العربية.

ما الأسباب التي تجعلك تؤمن بأنّ الحالة الطائفية أخطر على مجتمعنا السعودي من المناطقية؟!

– السبب أن الطائفية حالة عابرة للحدود، وما أن يحصل شيء في بلد عربي في الجوار حتى ينعكس على الوضع في السعودية، ونذكر أن الوضع في العراق بعد الغزو الأمريكي عام 2003م أثر كثيراً على الأوضاع في السعودية، وساهم في تصاعد حدة الخطاب الطائفي، كذلك تساهم الإشكالات في عدد من البلدان العربية حالياً في تعزيز الانقسام الطائفي.

لماذا خرج الاختلاف المذهبي في السعودية من حيز الاختلاف المذهبي الصرف إلى صراع سياسي وتنافر اجتماعي؟

– لأن الأفراد باتوا يعبرون في المجال السياسي بالهوية المذهبية، وكان لتسييس المذاهب وتحويلها إلى تكتلات سياسية أثرٌ كبير في إيجاد انقسام اجتماعي حاد في المجتمع السعودي.

الطائفية ليست مشكلة دينية، وهي لا تتعلق برأيي بقضايا مثل الموقف من الصحابة وآل البيت والإمامة والعصمة والخمس وزواج المتعة، ولا بخطاب الكراهية المذهبي الذي يبث في القنوات الفضائية، فهذه مسائل تُستخدم في التجييش والتعبئة، واستدعاءُ قضايا تاريخية يحصل لتوظيفها في سياق سياسي.

المسألة الطائفية متعلقة بتسييس الانتماء المذهبي، وتحويل الاختلاف المذهبي إلى خلاف سياسي، وما يحصل أنّ خطاب التحريض والكراهية المذهبي يُستخدم في التحشيد والتعبئة ضمن الإطار السياسي. لذلك أعتقد أنّ الحديث عن حوارات دينية لحلّ الأزمة الطائفية مضيعة للوقت وتكريس للأزمة وليس حلاً لها، فأصل المشكلة سياسي.

ماذا تبرر بشكل ملحوظ العلاقة بين الشيعة ومراجعهم الفقهية وانعكاس ذلك على علاقتهم بالمجتمعات والدول التي يعيشون فيها؟

- قضية علاقة الشيعة بمراجعهم الفقهية تمّ تضخيمها، وهي ليست مشكلة في رأيي، نحن نعرف أنّ الدين لا يمكن أن تحدّه حدود جغرافية معينة، وبالتالي فإنّ العودة لمراجع فقهية خارج السعودية هو أمر طبيعي يقوم به السنة والشيعة على السواء، فكما أنّ للشيعة مراجعهم خارج البلاد، فإنّ كثيراً من أبناء السنة يعودون أيضاً لفتاوى علماءٍ من الأزهر وغيره، ولأن هذا لا يمثل مشكلة فإنّ محاولة البحث عن حلول من قبيل إيجاد مرجعية محلية

للشيعة السعوديين أمرٌ لا طائل منه، فمن يضمن أن تقنع هذه المرجعية المحلية كلّ أبناء المذهب؟ إلاّ إذا كانت ستُفرض فرضاً عليهم وهذا مستحيل.

لست ضد وجود مراجع محلية وتفعيل عمل الحوزات الدينية ونشاطها داخل البلاد، لكن لا أعتبر أنّ وجود مرجع فقهي للفرد الشيعي خارج الحدود مشكلة تتعلق بالوطنية ولابد من البحث لها عن حل، فمن المرفوض أن تفرض "**الوطنية**" شكلاً محدداً للتدين. أما الحديث عن كون تقليد مرجع فقهي خارج الحدود يستلزم ولاءً سياسياً له بالضرورة فهو غير صحيح، فهناك مراجع كثيرون لا يتدخلون في السياسة، كما أنّ البحث في قضية التقليد الفقهي وربطها بالولاءات السياسية لا يقدم شيئاً، ويغفل أصل المشكلة المتعلقة بالمواطنة والهوية الوطنية الجامعة.

كيف يمكن التعامل مع الحالة العربية الإيرانية في ظلّ التعقيدات الحالية؟

- المعيار في التعاطي مع إيران وتركيا وأي قوة خارجية غير عربية وتقييم مواقفها هي مصالح العرب، وعلى أساس مصالحنا بصفتنا عرباً ننظم أوجه الاختلاف والاتفاق مع هذه القوى الخارجية.

إذاً عندما نعرّف أنفسنا بصفتنا عرباً في السياسة نستطيع التعامل مع الآخرين وفق مصالحنا بصفتنا عرباً، لكن المشكلة أنه لا توجد قوى تمثل المصالح العربية وتنظم الاختلاف والاتفاق مع إيران وتركيا وغيرهما، فالموجود

قوى مستتبعة لمصالح غربية، وبلدانٌ عربية تحولت إلى ملاعب للقوى الإقليمية والدولية، ومن يعرّف نفسه مذهبياً في السياسة ينقاد إلى تبعيةٍ لأدوار إيرانية وتركية في المنطقة عبر البوابة المذهبية، تُغلّب مصالح الطائفة على المصالح العربية.

كيف واجه بدر الإبراهيم التشكيك في نياته من قبل الطرفين السني والشيعي؟

- التشكيك متوقع في حالة استقطابٍ كالتي نعيشها، لكن من يقرأ ما أكتبه يعرف أنّ القضية ليست انحيازاً لمعسكرات بعينها، بل رفضاً للمعسكرات الطائفية كلها، ومحاولةً للخروج من الثنائيات الطائفية التي أرهقت مجتمعاتنا. الانشغال بشرح الأفكار وتوضيحها أفضل من الانشغال بالرد على اتهاماتٍ في النيات.([7])

([7]) **الإبراهيم: السُعار الطائفي أنتجَه تحوُّل الجماعات المذهبية إلى جماعات سياسية – صحيفة الشرق السعودية – العدد رقم ٧٦٧ – صفحة ٢٠ – 9 /1/ 2014.**

شيعة السعودية: لا انتماء لنا خارج الحدود

فؤاد إبراهيم

المعلومات عن شيعة المملكة العربية السعودية في مجملها قليلة، ويغلب على خطاب أكثر المتحدثين في هذه المسألة الطابع السياسي بالرغم من أن الحاجة إلى فهم الواقع الفكري بعين علمية أكاديمية باتت ماسة. من هنا تأتي أهمية هذا الحوار مع المفكر السعودي الشيعي الدكتور فؤاد إبراهيم مؤلف كتاب تطور الفكر السياسي الشيعي.

بداية، هل يوجد بين شيعة المملكة من يقلد مرجعاً في فتواه ويخالفه في آرائه السياسية مثلاً؟

= نعم، ملاحظتك دقيقة، فمن حيث الانتماءات المرجعية يوجد بين شيعة المملكة قسم يرجع إلى السيد علي السيستاني في النجف الأشرف، وقسم آخر يرجع إلى السيد علي الخامنئي والسيد محمد صادق الروحاني والسيد صادق الشيرازي في إيران، وقسم منهم يرجع إلى السيد محمد حسين فضل الله في لبنان، لكن نسبة كل قسم من هذه الأقسام غير معلومة.

ألا يخشى أن تكون المرجعيات الفكرية هذه بابا من أبواب التبعية السياسية؟

= لا أعتقد هذا على الإطلاق، فهذه كانت دائما التهمة المكررة أن الشيعة -لأن لديهم انتماء خارج الحدود وهو المرجع - لا بد أن يكونوا مزدوجي الولاء، وهذا غير صحيح مطلقاً، لأن اتباع مرجع ديني معين لا يعني أن هناك ارتباطا سياسيا بالمرجع، فالمرجعية لدى شيعة المملكة ظلت دائما ضمن إطارها الديني.

والذي أوجد لدى بعض الحكومات هذا الانطباع (أن شيعة المملكة لديهم ولاءات خارجية) هي الثورة الإيرانية عام 1979. وفي الغالب المرجعيات الدينية ليس لها موقف سياسي متشدد إلى حد المخاصمة مع الحكومات، وبالتالي لم أجد حتى الآن من ينادي أتباعه إلى مخالفة حكوماتهم. وأتباع "**نظرية ولاية الفقيه**" المطلقة، كما هو الحال بالنسبة للسيد الخميني في السابق والخامنئي الآن، يرون أنه "**لولي أمر المسلمين ولاية على مقلديه خارج الحدود، بحيث لو أصدر حكما فعليهم اتباعه**".

ولكن هذه الفتوى لم تأخذ مجالاً في التطبيق بحيث يمكن القول بأن المرجع الديني دخل في مرحلة تجاذب مع السلطة السياسية للأتباع الذين يعيشون في دول معينة. فإلى الآن لم تبرز هذه المشكلة، ولا تزال ضمن

الاحتجاج الجدلي، ولم نجد لها تطبيقاً عملياً في أي بلد من البلدان التي يوجد فيها شيعة ويقلدون مرجعيات خارج الحدود.

= معروف أن للأقلية الشيعية مطالب ولديها أيضا اعتراضات محددة على بعض السياسيات التي تتعامل بها الحكومة في المملكة معهم، فدعنا نفهم حقيقة ما يجري حالياً على الأرض، ما مظاهر ما تصفونه بأنه ظلم واقع على هذه الأقلية؟

ابتداء لا يمكن القول بوجود أقلية وأغلبية في السعودية، هناك مجموعة أقليات بما في ذلك أتباع المذهب الرسمي، فهؤلاء (أتباع المذهب الرسمي) أقلية بين أقليات أخرى، وكون الشيعة يعترضون على سياسة تمييز طائفي – وهذا هو التوصيف الذي عادة يستعمل من قبل الشيعة وحتى في الدراسات الأكاديمية – فهذا لا يعني أن الأقليات الأخرى لا تتعرض للتمييز، فهي تتعرض ولكن بدرجات أقل.

من هي هذه الأقليات تحديداً؟

مثل الشيعة الإسماعيلية في الجنوب، والسنة من أتباع المذاهب الأخرى كأتباع مذهب الإمام الشافعي والإمام مالك والإمام أبي حنيفة. فمثلاً هناك كتابات كثيرة لعلماء سنة لا تطبع في داخل المملكة مثل كتب السيد محمد علوي المالكي مثلاً، بل أكثر من ذلك صدرت في حقه فتوى بالتكفير، وكثير من كتابات أصحاب المذاهب التي ذكرتها ممنوعة من الطباعة

والنشر في المملكة، فهي تطبع في بلدان أخرى من بينها مصر على سبيل المثال.

صحيح أن الشيعة يمثلون النموذج الأبرز لسياسة التمييز الطائفي ولكن الأقليات الأخرى سواء أكانت سنية أو شيعية تتعرض بدرجات وبنسب متفاوتة للتمييز الطائفي أو المذهبي.

أخيراً برأيك سيد فؤاد كيف يمكن حل هذه الإشكالية التي وصفتها بالتمييز الطائفي؟

أعتقد أن مقترحات الحل متنوعة. المقترح الأول هو: إعادة تشكيل أسس الدولة، فالدولة السعودية قامت على أساس ركنين:

- الأول هو المذهب الرسمي مصدرا لمشروعية الدولة

- والثاني هو الحق التاريخي للعائلة المالكة.

وأعتقد بضرورة تخفيض الجرعة الدينية داخل الدولة، واعتبار المؤسسات الدينية جميعا سواء الرسمية الآن أو الأهلية ضمن مؤسسات المجتمع المدني، بحيث يتحول المذهب الرسمي إلى مؤسسة ضمن مؤسسات المجتمع الأهلي، وهكذا الحال بالنسبة للمؤسسات الدينية الأخرى سواء الشيعية أو السنية، هذا أولا.

وثانياً، أعتقد بضرورة وضع نظام دستوري يكفل للجميع حرية المعتقد، وهذا يشمل جميع المذاهب الإسلامية السنية والشيعية. للأسف الشديد أن المملكة ليس فيها نظام أو دستور يكفل الحريات العامة مثل حرية التعبير وحرية المعتقد، وما زالت المطالب في كثير منها سواء أكانت من قبل السنة أو الشيعة أو حتى من قبل النخبة الوطنية الليبرالية تؤكد أن حرية التعبير لا تزال غائبة في التفكير الدستوري — إذا صح التعبير — لدى الدولة أو الحكومة.

وهذا الأمر أعتقد أنه من الضروري أن تتبناه الحكومة في المرحلة الراهنة كمخرج لحالة التوتر الديني السائدة ولامتصاص كثير من التوترات. لأن تغليب مذهب على مذاهب أخرى سواء في نظام التعليم أو في ممارسة الشعائر والمعتقدات أو في الترويج للأفكار والمعتقدات الدينية يعطي فرصة للمذاهب الأخرى أن تخترع خيارات أخرى، سواء طباعة كتب أو نشر ثقافتها من خلال وسائل قد تفسر من قبل الحكومة على أنها غير قانونية.

ولكن هذه الخيارات هي ضمن التعبير التلقائي عن الحاجة إلى إبراز الهوية واستحضارها بواسطة التجمع الديني الواحد أو لإبرازها أمام التجمعات

الدينية الأخرى التي هي في الغالب تتعرض لا أقول لهجوم، ولكن لعملية اختراق من قبل المذهب الرسمي.([8])

الشيعة في المملكة العربية السعودية "التقرير الحقوقي الثاني"

لم يطرأ على المشهد الحقوقي للطائفة الشيعية أي تغييرات جوهرية خلال عام 2006م، يمثل الشيعة وفقاً لإحصاءات غير رسمية من 20% إلى 24% من سكان المملكة العربية السعودية، عدا التقدم في الحقوق الدينية في بعض المناطق دون غيرها والمشوبة من جانب المؤسسة الدينية الرسمية بفتاوى التكفير التي أطلقها العلماء السلفيون الرسميون المرتبطون بعلاقات قوية مع السلطات ويشغلون مناصب رسمية، لم يسجل تقدم ملحوظ في الهموم الحقوقية التي تحملها الأقلية الشيعية منذ انتمائها للوطن السعودي عام 1913م.

([8]) شيعة السعودية: لا انتماء لنا خارج الحدود – حوار مع فؤاد إبراهيم – الموقع الأليكتروني لقناة الجزيرة (الجزيرة نت) – قسم الدراسات والبحوث – 3/ 10 /2004 – الرابط:
http://www.aljazeera.net/specialfiles/pages/c1519a00-8f95-48f4-825e-586cb14d74d4

العائلة المالكة من جانبها لم تقدم أية ضمانات لمواطنيها الشيعة بشأن الفتاوى التي صدرت في العام 2006م ولم تتخذ أي إجراءات قانونية تجاه مطلقي هذه الفتاوى، إن التقدم المحدود المتسم بالإيجابية في شأن حرية إقامة الشعائر الدينية لم يشمل كافة المناطق الشيعية وإنما اقتصر على المناطق الشيعية الرئيسة في شرق البلاد "**القطيف والأحساء**" وبتفاوت بينهما أيضاً، فالمنع والكبت والصد والاعتقال الفوري للقائمين على ممارسي الحقوق الدينية ما يزال سيد الموقف في نجران والمدينة المنورة وحائل وباقي المناطق التي يقطنها الشيعة، وما يزال سكان إقليم الأحساء الذي يشكل الشيعة من سكانه النسبة المطلقة يؤدون شعائرهم دون مستوى أقرانهم في القطيف..

ويرجع البعض من سكان محافظة القطيف (شرق الرياض 450 كيلو) إلى تحمل الأهالي سنوات طويلة من السجن والمصادرة ودفع الغرامات المالية والعقوبات الرادعة الأخرى، وكان من نتيجة الإصرار على أداء الشعائر الدينية وتحمل تبعات رفض تنفيذ الأوامر الحكومية، أن السلطات المحلية رضخت لمواطنيها الشيعة ولم تعد تتعرض لهم فيما يتعلق بالشعائر الدينية بعد أن رأت إصرارهم على ممارستها ووجدت أن ممارسة كافة أنواع العقوبات لم تحقق أغراضها رغم العمل بها منذ عشرات السنين.

ويضيف احد الكتاب (رفض ذكر اسمه) أن الانفتاح الإعلامي المتمثل بالإنترنت والقنوات الفضائية والوضع السياسي المتوتر في إيران والعراق ولبنان وسرعة تسرب الأخبار والمعلومات حال وقوعها، جميعاً عوامل

أسهمت في ثني أجهزة السلطة في القطيف على الأقل عن مواجهة الأهالي فيما يتعلق بحقوقهم الدينية المبدئية، إضافة إلى ما تشهده المحافظة من تواصل إيجابي ما بين القيادات الشعبية والدينية والسلطات الرسمية على مختلف المستويات ما ساهم في التخفيف من حدة التوتر ما بين الأجهزة الأمنية والحكومية الأخرى وما بين الأهالي فيما يتعلق بالحقوق الدينية وتفهم الأخيرة لمضامينها وأنها غير موجهة ضد الدولة، ورغم ذلك فإن الطريق طويل على ما يبدو لتأسيس منظومة حقوق دينية ومدنية واقتصادية في إطار وطني جامع وشامل، وما يمكن تسميته بالإنجازات أو التقدم فإنه أشبه بخطوات الإبل في الصحراء القاحلة والتي أوصلت المسافرين الظامئين إلى واحة بها القليل من الماء، وإن عليهم المسارعة في الوصول إلى أقرب واحة تعج بالماء والحياة وإلا فإن خطر العطش والجوع والموت قائم لا محال.

الحقوق الدينية

استمرت السلطات السعودية بالسماح لمواطنيها الشيعة في القطيف والأحساء بترميم وإنشاء المساجد والحسينيات بقيود كأن تكون وسط أغلبية سكانية شيعية وبموافقة إمارة المنطقة وبطلب عدد محدد من السكان، أما بقية المناطق الشيعية كنجران والمدينة المنورة وحائل فإن الحظر ما يزال قائما، وشهد محرم 1428هـ نشاطا دينيا مكثفا وعلنيا في القطيف ومتحفظا في الأحساء وبقيود صارمة في بقية المناطق، شهدت القطيف في محرم 1428هـ تراجعاً ملحوظاً وكبيراً في مستوى الملاحقات الأمنية، فلم تسجل المحافظة أية

مواجهات معتد بها، ولم تقرر السلطات اعتقال أو سجن القائمين أو الممارسين للشعائر الحسينية أو البائعة المتجولين، الذين يتاجرون علانية بصور رجال الدين والكتب الدينية والمصنفات السمعية والمرئية وذلك للعام الثالث على التوالي، وتركز التضييق الحكومي في الأحساء والدمام، كما وشهدت المناطق الشيعية الرئيسية في القطيف والأحساء حضور أمني مكثف تمثل في إقامة نقاط تفتيش عشوائية وثابتة على الطرق الرئيسية والفرعية ومداخل المدن، تحسباً من شن متشددين سلفيين هجمات مميتة ضد التجمعات الشيعية، وقد نجحت السلطات في توفير أجواء آمنه للأهالي واستطاعت حماية مواطنيها الشيعة من أية اعتداءات خارجية قد يشنها خصومهم العقائديين الذين أعلنوا قبل 4 سنوات نضالاً مسلحاً لإسقاط العائلة المالكة السعودية.

تداول الأهالي في ضاحية العوامية خبر تمزيق بعض الافتات الحسينية من قبل رجال بعض الدوريات الأمنية، واستدعت سلطات البحث الجنائي بسيهات (إحدى مدن محافظة القطيف) قائمين على أحد مواكب العزاء الحسيني للاشتباه بوقوف الموكب خلف تأسيس قناة فضائية شيعية برزت مؤخراً على القمر الصناعي (نايل سات). واستدعت السلطات القائم على حسينية وموكب الإمام الحسين الحاج معتوق المسكين واثنين من مساعديه للاشتباه بوقوفهم خلف تأسيس الفضائية الدينية "فورتين – 14 CH".

وتبث هذه القناة مقاطع اللطميات الشيعية والإنشاد الديني والنعي الحسيني، ويقول بعض المرتبطين بالتجمع الديني المذكور أن شبهة أحاطت به وبالقائمين عليه، لأن القناة تبث مجموعة من أعمالهم الإنشادية بكثرة مما دفع السلطات للشك في كونهم مالكي القناة أو مموليها الرئيسيين، ورغم كون القناة دينية وتبث من أحد أقمار الشركة العربية للبث الفضائي "**عربسات**" وهي شركة تربطها بالحكومة السعودية علاقة وطيدة، إلا أن أمر هذه القناة ظل موضع ريبة فلا يعرف بعد من القائمين عليها وعادة ما يرفضون كشف هوياتهم خوفاً من السلطات، وتصدر بعض الجماعات الدينية مطبوعات دينية إلا أن معظم أفرادها يخشى الإفصاح عن هويته خوفا من الاعتقال رغم كون دوريته لا تحمل أي مقالات أو أخبار تغضب الحكومة السعودية سواء على الصعيد السياسي أو الديني.

في الهفوف فوجئ مواطن ثلاثيني اسمه "صادق" باستدعاء المباحث له وإجباره على التوقيع بإزالة علم أسود اللون كان قد رفعه في أعلى بيته تعبيراً عن حزنه في موسم عاشوراء، ويعلق أحد المثقفين في الأحساء على استدعاء صادق بالقول "**أن يستدعى أحد لتعليقه مجرد قطعة قماش سوداء على سطح بيته فهذا يذكر بممارسات الأنظمة الشمولية بحق الناس..**" ويضيف: "**أعتقد بأن الأمر عائد في جزء منه على الأقل لتصرفات شخصية لدى بعض المنتسبين للهيئات الدينية والسلطات الأمنية**".

إلا أنه يستطرد بالقول "**ذلك لا ينفي وجود سياسة إقصاء رسمية معتمدة.. فبرغم الثقل السكاني للشيعة في المحافظة إلا إنه لا يوجد لدينا مدير مدرسة شيعي واحد، فضلا عن إدارة أي قطاع حكومي آخر**".

يقول أحد المشرفين على إحدى الحسينيات الكبيرة في الأحساء "**نحن ممنوعون من تعليق مكبرات الصوت خارج الحسينية..**" ويضيف: "**في القرى ربما يكون الوضع أفضل نسبياً من المدينة**" في إشارة إلى إقامة العشرات من القرى الأحسائية لمراسم دينية أكثر حرية من تلك الموجودة بالمدن الكبيرة كالهفوف والمبرز، لكنه يوضح "**قد لا تتعدى تلك الحرية أكثر من استعمال الساحات الخارجية لجلوس المستمعين أو إقامة بعض الأنشطة المحدودة..**" ولا يسمح للمواطنين في الأحساء بأن يمارسوا شعائرهم خارج حرم حسينياتهم ويحظر عليهم وضع مكبرات الصوت الخارجية، إن الأذان على الطريقة الشيعية محظور في الأحساء رغم أن القطيف تجاهر به منذ عقود رغم المضايقات الحكومية.

ألغت السلطات حملت التبرع بالدم في الأحساء دون إبداء الأسباب، يقول أحد رجال دين "**إن الوضع أفضل نسبياً مما كان عليه قبل سنوات لكنه لم يرق للمستوى المطلوب.. فسوط الملاحقة الأمنية لا زال مسلطاً**".

ذكرت مصادر خبرية أن إدارة إحدى المدارس الثانوية في الأحساء قررت إبعاد العديد من الطلبة الشيعة إلى مدارس بعيدة عن أحيائهم كعقوبة لإبدائهم مظاهر الفرح في المولد النبوي الذي يحتفل به المسلمون في شهر ربيع من كل عام هجري، كما تم اعتقال اثنين من المواطنين في الأحساء بتهمة إقامة احتفال بالمولد النبوي، المواطنين هما: حسين العبود ومعتوق الجندل، من قرية القرين، كانا يشرفان على ترتيب إوبريت إنشادي وحفل ضخم بمشاركة فرق من القطيف إلا أن الحفل ألغي بعد اعتقالهما، وأحالت المباحث قضية الشابين لإمارة المنطقة الشرقية للبث فيها.

في منتصف مارس اعتقلت السلطات الشيخ عبد العزيز المرزوق (من سكان قرية الفضول بالاحساء) لافتتاحه حسينية بنيت منذ خمس سنوات وأغلقتها السلطات دون سابق إنذار وأمر المرزوق بافتتاحها في محرم 1428هـ، الأمر الذي اغضب السلطات التي سارعت باعتقاله، وقد حكم عليه بالسجن لمدة شهر إلا أن إمارة الاحساء أفرجت عنه في وقت لاحق.

في مدينة الدمام تم استدعاء عدد من القائمين على المجالس الحسينية واجبروا على توقيع تعهدات بعد إقامتها مرة أخرى، وتفرض السلطات حظراً على علانية الشعائر في مدينة الدمام التي يقطنها عدد كبير من الشيعة من أصول احسائية، ويجبر الأهالي على ممارسة شعائرهم بسرية وتكتم وفي بيوتهم، وترفض الحكومة منحهم تراخيص إنشاء المساجد والحسينيات، ولا يملك شيعة الدمام سوى مسجد وحيد في حي العنود يؤمه السيد علي الناصر،

وهو أحد رجال الدين المشهورين في المدينة، ويؤدون الصلاة دون السجود على التربة الحسينية التي يصلي عليها الشيعة عادة بقرار من الحكومة وبشرف على المسجد رجل امن معين من قبل شرطة الدمام، وثمة أقلية شيعية في مدينة الخبر (18 كم إلى الشرق من الدمام) ويشتركون مع نظرائهم في الدمام في الحصار والتضييق والحظر، ويضطر أغلبية مواطني المدينتين التوجه للقطيف وسيهات في المواسم الدينية ليمارسوا شعائرهم هناك في أجواء تتسم بالحرية النسبية.

بتاريخ 20 ابريل 2007م، استدعت السلطات القائمين على أمر مجلس حسيني تابع لمواطنين من سكان الدمام يسمى "**بقية الله**" وأمرتهم بتوقيع تعهد بموجبه يغلقون المآتم، رغم كون مقره في مدينة سيهات وتم نقله بعيداً عن الدمام بسبب المضايقات الحكومية.

كما وتشمل الملاحقات والإجراءات التعسفية الأنشطة الدينية النسوية، فرب الأسرة أو صاحب المنزل يجبر على التعهد بإغلاق المأتم النسوي أو تتخذ بحقه القرارات التي تصدرها إمارة المنطقة الشرقية وتشمل السجن والإيقاف عن العمل والغرامات المالية.

وتشير مصادر غير مؤكدة إلى أن إمارة المنطقة الشرقية قامت بسجن وتوقيف عدد من القائمين على المآتم الحسينية في الدمام خلال الشهرين الماضيين لمدد متفاوتة في محاولة لثنيهم عن إقامتها في الأعوام الماضية.

منعت السلطات مجلساً حسينياً في مدينة حفر الباطن، اعتاد الشيعة المقيمين هناك على إقامته سنوياً (حفر الباطن.. مدينة على الحدود الكويتية شمال المنطقة الشرقية) بعد خطاب شديد اللهجة قدمته مجموعة سلفية لإمارة المنطقة الشرقية، التي بادرت إلى الاستجابة الفورية لمطلبهم، وحظرت المجلس فوراً وبدون إبداء أية أسباب.

ما يزال شيعة الدمام محرومون من الحصول على قطعة أرض لتشييد مقبرة لدفن موتاهم ويضطرون لدفن المتوفيين منهم في سيهات أو في مقابر عائلاتهم في الاحساء، على بعد 140 كيلو، وقد فشلت كافة المحاولات في الحصول على قطعة ارض لبناء مقبرة خاصة بهم.

حظر المظاهرات المؤيدة لحزب الله اللبناني

تفرض السلطات حظرا على المظاهرات بكافة أنواعها في المملكة، ولكنه لم يمنع المجموعات الشيعية المتعاطفة مع منظمة حزب الله اللبنانية في الخروج للتظاهر تأييد للحزب في حربه ضد إسرائيل، ولم تتدخل قوات الأمن لإنهائها، ولكن المظاهرات التي انتهت دون اشتباك مع الأجهزة الأمنية أعقبتها حملة استدعاءات واعتقالات لعدد من القائمين عليها، فقد تعرض المواطن علي حميد الخلف (41 سنة) للضرب المبرح في مركز شرطة صفوى، الأمر الذي أفقده الوعي عدة مرات، واستدعي لمقرات الأمن العام كل من المواطنين علي جاسم تحيفة والمواطن عماد اللباد وأخوه حسن اللباد وجميعهم

من بلدة العوامية، وأوقفت السلطات المواطن علي سلمان الناصر من قرية الحلة بالقطيف على خلفية مشاركاته في مظاهرات مؤيدة لحزب الله اللبناني.

أغارت السلطات على المواطن محمد حسين أبو عبد الله (53 عاماً) من بلدة العوامية في مقر عمله بالدمام واقتادته مكبلاً إلى منزله، حيث اخضع للتفتيش الدقيق، قبل أن ينقل إلى إحدى مقرات الأمن للتحقيق، وفي بلدة الاوجام داهمت المباحث العامة منزلي الشابين حسين علي الناصر "22 عاماً" وعلي عبد الله عاشور (22 عاماً) واقتادتهما إلى مقر المباحث بمدينة القطيف قبل أن تنقلهما إلى سجن المباحث بالدمام بتهمة التعاطف مع حزب الله، كما اعتقلت المواطن مسلم الدار، الذي يترأس جمعية الجاردوية الخيرية وفتشت منزله واقتاده إلى مقر الأمن العام في الدمام، وأفرجت السلطات عن المعتقلين بعد فترة وجيزة.

اعتقلت السلطات عدة شبان من محافظة القطيف بعد أن رصدت في سيارتهم صور لزعيم حزب الله السيد حسن نصر الله وأفرجت عنهم بعد أيام.

بعد انتهاء حرب تموز أقام تجمع ديني في بلدة الجارودية (إحدى قرى القطيف) احتفالاً اعتبروا فيه حزب الله منتصر على إسرائيل، وأقاموا حفلاً بهيجاً، شارك فيه مئات من الأهالي، إلا أن رجال الأمن السعودي داهموا مقر الحفل وأطلقوا رصاصات تحذيرية في الهواء واجبروا المحتفلين على إنهاء التجمع

والعودة إلى بيوتهم مقابل انسحاب الدوريات الأمنية من البلدة، ولم تنشر الصحف السعودية لأنباء التظاهرات فضلاً عن الاعتقالات التي جرت في المدن الشيعية.

الحقوق الثقافية

ما تزال السلطات السعودية تفرض حظراً على الكتاب الشيعي، كما وأجبرت عدة المكتبات في محافظة القطيف على إزالة الكتب الدينية الشيعية التي تعرضها، واجبر أصحابها على توقيع تعهد بعدم عرضها مرة أخرى، وتتشدد وزارة الإعلام في منح المواطنين الشيعة تراخيص لبيع المطبوعات لأسباب طائفية، كما وتمنع انتقال ملكية التراخيص إلا بشروط معقدة.

حظرت السلطات السعودية كافة المنتديات في محافظات الاحساء والدمام والقطيف، تقول بعض المصادر أن جعفر الشايب رئيس المجلس البلدي في القطيف وراعي منتدى الثلاثاء الثقافي والكاتب نجيب الخنيزي وآخرين استدعوا لمقرات الأمن للتحقيق حول أنشطتهم الثقافية، وأجبروا على توقيع تعهدات بعدم إقامتها مرة أخرى، إلا أن جعفر الشايب استمر في إقامة الندوات في منتداه كل ليلة أربعاء، بينما أجبرت جميع المنتديات في المنطقة الشرقية على تعليق أنشطتها انتظاراً لقانون تعتزم وزارة الداخلية إصداره بشان الصالونات والتجمعات الثقافية في عموم المملكة.

ما تزال مدينة **الملك عبد العزيز للعلوم والتقنية**، وهي الجهة الوحيدة التي تقدم خدمات الإنترنت في المملكة تحظر عشرات المواقع الشيعية التي يبث بعضها من داخل المملكة لأسباب طائفية منها لا الحصر:

شبكة راصد الإخبارية، موقع يا حسين، شبكة رافد، شبكة الشيعة،، موقع مركز الحرمين للإعلام الإسلامي، موقع لجنة الدفاع عن حقوق الإنسان في الجزيرة العربية، موقع قضايا خليجية، شبكة النبأ المعلوماتية، شبكة هجر الثقافية، شبكة وادي نجران، المعهد الخليجي بواشنطن، وكالة الأخبار السعودية من واشنطن، شبكة الشاعر الإسلامية، موقع شبكة الشيعي الغيور، ملتقى القطيف الثقافي، شبكة الجارودية الثقافية، أنصار المنسيين، شبكة الحرمين، منتدى منابر الجزيرة العربية، شبكة الأبحاث العقائدية، الديوانيات للحوار، منتديات شبكة العمران.

كما وتحظر السلطات الإعلامية كافة المجلات والدوريات والصحف والبرامج الالكترونية التي تحمل الهوية الشيعية، ويجرى تداولها عبر نسخ محلية بعيدا عن رقابة الحكومة.

في منتصف 2006م أصدرت السلطات المختصة أمراً بحظر استخدام البث الفضائي في استقبال الانترنت، في كافة مراكز تقديم هذه الخدمة واقتصار الاشتراك على خدمة أل dsl الخاضعة للرقابة المباشرة من قبل

أجهزة الحجب في مدينة الملك عبد العزيز في الرياض ويشمل هذا القرار كافة أنحاء المملكة دون استثناء.

الحقوق الاقتصادية

تعاني المناطق الشيعية من ضعف البنى التحتية والإهمال المتعمد المستمر منذ عقود طويلة، والمبني على سياسة التمييز الطائفي، إلا أن المجلس البلدي في محافظة القطيف والذي يعد من أنشط المجالس البلدية في المملكة، استطاع تحقيق انجازات متميزة كفصل ميزانية القطيف عن أمانة مدينة الدمام والحصول على ميزانية تناهز الـ 30 مليون دولار وهو مبلغ قليل قياساً بالاحتياجات العاجلة والبنى التحتية الضعيفة والخدمات المتدهورة في المحافظة، كما تمكن المجلس من إلغاء قرار وزاري اتخذ عقب الثورة الإسلامية في إيران في بداية الثمانينات ويقضي بحرمان الموطنين الشيعة من حق إنشاء ملحق تحت الأرض يسمى بالقبو أو السرداب في اللهجة الدارجة لمنازلهم، وذلك خوفاً من استخدامه في أنشطة مناوئة للحكومة في ذلك الوقت، إلا أن إلغاء الحظر لم يشمل كافة المناطق في القطيف، كما اتصل المجلس بهيئة السياحة الوطنية واقترح إنشاء مشروعات تراثية وسياحية في جزيرة تاروت وبعض المناطق،كما طلب المجلس من هيئة السياحة ترميم بعض المواقع الأثرية في المنطقة الشرقية وفي مقدمتها مواقع في القطيف والأحساء.

تعد هذه الانجازات ضئيلة بالمقارنة مع الطموحات الشعبية وحجم الأضرار الفادحة التي لحقت بالمناطق الشيعية جراء سياسات التهميش والإهمال التي ذابت عليها الحكومة السعودية منذ عقود طويلة وشملت ردم الشواطئ وتحويلها إلى مخططات سكنية تباع على التجار، الذين يبيعونها بدورهم على المواطنين بأسعار مرتفعة، كما وتضاءلت المساحات الزراعية في القطيف والاحساء جراء ضعف الدعم الحكومي، في إحدى التحقيقات الميدانية لصحيفة اليوم الصادرة من الدمام، قال مسئولون في وزارة الزراعة أن نسبة الأراضي المتعرضة للتصحر في الاحساء بلغت الـ30 % خلال السنوات القليلة الماضية، وان هذه النسبة قابلة للاتساع إذا لم تتخذ الإجراءات السريعة والحاسمة.

ما يزال المواطنين الشيعة مهمشون في الدوائر الحكومية والاقتصادية والسياسية السعودية، لم تعين الحكومة أي مواطن شيعي في مركز مرموق، وما تزال الوظائف الإشرافية والقيادية يشغلها المواطنون السنة، كما ويحرم الشيعة من الالتحاق بالدوائر والمؤسسات العسكرية والمدنية والعلمية إلا أن يعينوا في مراكز دنيا لا يسمح لهم بتجاوزها بغض النظر عن كفاءتهم، في احد التقارير الصادرة عن موقع الكتروني مهتم بالشأن الشيعي اتهم تقرير رئيس أمانة مدينة الدمام (ضيف الله العتيبي) بالطائفية والعنصرية والقبلية، أشار التقرير إلى حرمانه عشرات الموظفين الشيعة من تبؤ مناصب في الأمانة رغم كفاءتهم..

ويضيف التقرير أن ضيف الله العتيبي وراء حرمان بلديات القطيف من الدعم المالي والإداري، الأمر الذي انعكس على خدماتها المقدمة للمواطنين، وأنه وراء ضعف الخدمات وتدني البنى التحتية في القطيف نتيجة لميوله الطائفية، كما وأن الأمانة في عهده أصبحت تتشدد في قضايا حجج الاستحكام في القطيف أكثر من غيرها من مدن المنطقة الشرقية، الأمر الذي جعلها المحافظة الأصعب في استخراج حجج الاستحكام من غيرها، ويضرب التقرير مثالاً حياً على طائفيته فقد أقصى المهندس المكلف شفيق السيف من رئاسته المؤقتة لبلدية الجبيل، وكان من المأمول لدى قطاع عريض من المواطنين الشيعة أن يصبح أول مواطن شيعي يحتل منصب رئيس بلدية، المعروف أن الشيعة محرومون من تولي إدارة المستشفيات والبلديات والصحف ومراكز الشرطة والأمن وكافة المناصب القيادية في الوزارات والمؤسسات الحكومية بشكل عام.

تحتاج المدن الشيعية إلى بناء شامل، فالمدارس معظمها مُستأجر وقديم، والمستشفيات خدماتها متدنية، وسبل المواصلات مقتصرة على امتلاك المركبات الخاصة، والسياحة معدومة، والخدمات الحكومية متواضعة والشوارع تحتاج إلى إعادة رصف، وقد بادرت البلديات منذ حوالي سنتين، أي مع زيادة أسعار البترول وارتفاع إيرادات الميزانية العامة إلى تشييد الشوارع وإعادة رصف القديم منها.

وتحتاج المدن الشيعية إلى شبكات تصريف الأمطار وإقامة مئات المشاريع الخدمية والإنتاجية والاستثمارية.

ما تزال مئات الأسر تعيش الفقر المدقع وبعضها يسكن في بيوت من الصفيح، والنسبة العظمى من المواطنين لا يمتلكون منازل بسبب ارتفاع أسعار الأراضي ومواد البناء، والبطالة مرتفعة على غرار المدن الأخرى في المملكة، وفرص العمل ضئيلة، والصناعة والزراعة محدودة، والتجارة الداخلية والخارجية تتطلب الوفاء بالعديد من الالتزامات والشروط التي تفتقد المرونة والانسيابية وتتطلب رأس مال كبير، على النقيض من الدول الخليجية المجاورة التي بدأت في سن قوانين جديدة تتيح حرية التجارة وسهولة تنقل رؤوس الأموال بعيدا عن سيطرة الحكومة، كما وتحتاج المناطق الشيعية لإنشاء جامعات وكليات ومعاهد، وترفض الحكومة منح تراخيص لإنشاء كليات أو جامعات أهلية، وتخلوا القطيف من مدارس خاصة لتعليم البنات لأسباب طائفية.

في أواخر عام 2006م زار محافظة القطيف الأمير سلطان بن عبد العزيز ولي العهد وأعلن عزمه افتتاح مركز الأمير سلطان الحضاري بتكلفة 10 مليون ريال، يهدف المركز إلى إقامة أنشطة ثقافية وخدمية، وقد اتفق على أن يكون تحت إدارة جمعية القطيف الخيرية، كما أنشئت الحكومة صندوق المئوية، وهو صندوق يتكون من رأسمال قدره 10 مليون ريال، نصفه تموله الحكومة والنصف الآخر يموله الأهالي، ويهدف إلى إنشاء مشاريع تصب في

خانة التوظيف وامتصاص البطالة، في المقابل أقيم حفل كبير على شرف الملك عبد الله بن عبد العزيز، منتصف ابريل 2006م، بمناسبة تدشين 1800 مشروع بكلفة 120 مليار ريال في مدينة الرياض، وتستحوذ العاصمة السعودية على 34 % من نسبة المبالغ المخصصة للمشاريع التنموية في المملكة.

وبينما تعتمد مدن الوسط السعودي (الرياض وتوابعها) على الماء المحلى القادم من مدينة الجبيل، ينقل لها بواسطة أنبوب ضخم يقطع الصحراء بطول 500 كيلو، يعاني سكان واحة الاحساء المشهورة بالعيون والمياه العذبة تاريخياً من نقص مياه الشرب وجفاف العيون نتيجة مشاريع شركة ارامكو النفطية، ويعتمد الأهالي على شركات تحلية محلية لتلبية احتياجاتهم من مياه الشرب، حيث لم تصل للاحساء خدمة مياه التحلية الحكومية كمدن المنطقة الشرقية الأخرى، ويعاني أهالي المنطقة الشرقية عموما وفي مقدمتها القطيف والاحساء من المياه المالحة التي يستخدموها في المنازل وما تسببه من آثار بيئية وصحية، كما وتعاني مدن المنطقة عموماً من ضعف شبكات تصريف مياه الأمطار مما يحول أحياء بكاملها إلى بحيرات تشكل خطراً على الأهالي خاصة الأطفال منهم، وتسبب في بروز مشكلات عديدة، ولم تسعى الحكومة بعد إلى إنهاء هذه المعضلة واعتماد ميزانية لإنشاء مشاريع لتصريف مياه الأمطار.

تنعدم في المدن الشيعية، على غرار مدن المملكة الأخرى، معظم أشكال التنمية البشرية كالتنمية الثقافية والتأهيل الاجتماعي والنفسي ومحاربة

الفقر وإعداد الكوادر القيادية في مختلف المجالات ورعاية الموهوبين وحقوق المرأة ونشر ثقافة التسامح ونبذ الطائفية والتمييز على أساس العرق أو الدين أو المذهب، وتعزيز مفهوم المواطنة وإشاعة روح الديمقراطية والحقوق والعدالة والمساواة.

الحقوق القانونية

علاء السادة ومحسن التركي رفضت محكمة في مدينة الخبر شهادة مواطن سعودي يدعى: علاء السادة، لكونه شيعي المذهب، رغم أن شهادته كانت في عقد قران ابنة رئيسه في العمل، كما غرق شابين سعوديين شيعيين من قرية سنابس (إحدى قرى جزيرة تاروت بمحافظة القطيف) في حادث مجهول ولم تسعى السلطات لمعرفة سبب غرقهما، كما وتوفي الشاب عباس درويش في إحدى ضواحي القطيف نتيجة لصعقة كهربائية من عمود كهرباء ولم تسعى السلطات لمعاقبة المسئولين عن الحادث وتقديمهم للقضاء.

في مارس 2007م اعتقلت سلطات الحدود في منفذ الخفجي المواطن محسن التركي على خلفية حكم بالسجن لمدة 8 شهور لاتهامه بسب صحابة النبي ورحلته لسجن محافظة القطيف لقضاء العقوبة، وأسقطت عنه الجهات المختصة عقوبة الجلد.

وتحتفظ السلطات السعودية بعشرة ناشطين سياسيين من جماعة دينية مرتبطة بإيران تدعى "**حزب الله الحجاز**" منذ تفجيرات أبراج الخبر عام

1995م، أي منذ ما يقارب الخمسة عشر سنة، وتتهمهم الحكومة الأمريكية بالوقوف وراء الحادث، إلا أن السلطات المختصة لم تجري لهم محاكمات علنية حتى الآن، وهم معتقلون دون توجيه تهم ودون بوادر للإفراج عنهم مؤقتا بضمان محل الإقامة والمنع من السفر خارج البلاد حتى انتهاء القضية، ولم تطرح قضيتهم عل أي مستوى في المنظمات الحقوقية الأهلية والخارجية ولا يعرف بنوايا الحكومة السعودية تجاههم.

تشير مصادر حقوقية إلى أن عدد المواطنين الشيعة الممنوعون من السفر لأسباب سياسية وأمنية ودينية وجنائية يبلغ حوالي الـ 6000 مواطن في جميع أنحاء المملكة.

في أبريل 2006م رشحت وزارة التعليم 47 موجها مدرسيا في المنطقة الشرقية ولم يكن أحد من المشرحين من المواطنين الشيعة رغم كثرت عددهم في سلك التعليم.

نسبة الشيعة في مجلس الوزراء 0% (لا وزير ولا سفير ولا قنصل من الشيعة في حكومة المملكة العربية السعودية)، وفي مجلس الشورى: 1.6%، وفي السلطة القضائية: 1و2.

في شركة أرامكو النفطية:

-مدير إدارة: 7%

-نائب رئيس: 3% (شخص واحد فقط).

-نائب أعلى للرئيس: 0%

-عضو مجلس إدارة: 0%

نسبة الأساتذة في بعض الجامعات السعودية:

– جامعة الملك فيصل: 3.5%

– جامعة الملك سعود: 1.3%

– جامعة الملك فهد "البترول والمعادن": 10%

– عدد مدراء المدارس في محافظة الاحساء التي تبلغ نسبة الشيعة فيها حوالي 60%: من 10 إلى 15 مدير مدرسة فقط.

حقوق المرأة الشيعية

في الفصل الدراسي الثاني من العام الدراسي 2005 – 2006م اعتقلت هيئة الأمر بالمعروف والنهي عن المنكر الطالبة أمينة المسكين، من سكان مدينة سيهات، إثر نقاش مذهبي بينها وبين إحدى زميلاتها، واحتجزت في إحدى دورات المياه، واتهمت بالدعوة لاعتناق المذهب الشيعي ولم يفرج عنها إلا بحضور ذويها الذين سارعوا إلى إلغاء دراستها الجامعية في الرياض وإعادتها إلى مسقط رأسها.

في إقليم نجران المضطرب أحيلت مديرة مدرسة مع عدد من المعلمات للتحقيق، بتهمة وجهت إليها من قبل مجموعة من أولياء أمور بعض

الطالبات، وتتضمن الإساءة إلى المذهب الشيعي بعبارات قاسية ونابية، واتهم أولياء أمور الطالبات المدرسات بتوجيه الاهانة والقذف والهتك لإعراض بناتهن والمساس بشرفهن وعقيدتهن واعتباره صلاتهن غير مقبولة لكونهن شيعيات وان الممارسات الغير أخلاقية جزء من عقيدة الشيعة، ولم يعرف ما إذا كان قد اتخذ بحقن العقوبات الرادعة.

وفي قرية القديح بالقطيف توالت أنباء غير مؤكدة عن إحالة مدرسة دين للتحقيق بتهمة وجهت إليها من قبل أولياء أمور الطالبات، بعد أن تناقلت الألسن عنها قولها كلام فاحش يمس عرض أبنة النبي محمد السيدة (فاطمة الزهراء) وهي عقب النبي الوحيدة ومنها سبطاه الحسن والحسين وذريته من نسلها، وذلك بعد مشادة دارت بينها وبين الطالبات بشان الخلاف التاريخي بين الزهراء والخليفة الثاني عمر بن الخطاب وحادثة ما يعرف بيوم الدار، ولم يتسنى التأكد من صحة هذا الخبر.

يمارس على المرأة الشيعية كافة أشكال التمييز والاضطهاد والقمع، سواء من قبل السلطات السعودية الرسمية أو من قبل النظام الاجتماعي، وتتساوى المرأة الشيعية مع نظيراتها السعوديات في كافة أشكال الاضطهاد والمعاملة الدونية كالمنع من السفر بدون محرم، والحرمان من حق العمل وعدم قبول شهادتها في المحكمة وتحريم اختلاطها بالرجال، وحرمانها من ارتياد الأماكن العامة كالبنوك والمطاعم والمقاهي وكافيهات الانترنيت ومنعها من

مراجعة الدوائر الحكومية دون وكيل شرعي، ولا تحظى المرأة السعودية بالحماية القانونية الكافية من أعمال العنف الشائعة في المجتمع السعودي.

وتحرم المرأة السعودية من تولي المناصب الحكومية، ولا يحق لها الحصول على بطاقة هوية أو جواز سفر دون موافقة ولي أمر شرعي، وليس للمرأة في المملكة العربية السعودية من ولاية قانونية على نفسها أو على من تعولهم،ولا تتمتع بشخصية اعتبارية أمام القانون والقضاء وليس لها وصاية على ذاتها على مدى حياتها، ولا بد للمرأة السعودية من وكيل شرعي تستعين به على تصريف أعمالها التجارية ولا يحق للمرأة الدخول في العديد من الأعمال التجارية والمنافسة في المناقصات الحكومية.

إن المرأة السعودية لا يعتد بشخصيتها الاعتبارية في المنظومة الحكومية والاجتماعية ولا تعد مؤهلة قانونياً للاستقلال وتحمل المسئولية القانونية على نفسها أو الآخرين، وتعاني المرأة الشيعية من أثار مضاعفة لكونها تحمل الهوية الشيعية، فالمرأة الشيعية محرومة من تولي مناصب نافذة في جهات عملها المقتصرة على الصحة والتعليم، فالمعلمة الشيعية يحظر عليها تولي منصب مديرة المدرسة أو الوكالة، والعمل كمشرفة تربوية وتمنع من تدرس المواد الدينية كما ويحظر على المرأة الشيعية شغل مناصب رفيعة في دوائر الصحة العامة.

عينت وزارة التربية والتعليم من أصل أكثر من 35 مشرفة تربوية منهن 4 مشرفات تربويات من محافظة القطيف لأول مرة وذلك قبل عامين، ولم تكرر الوزارة أية تعيينات مشابهة خلال العام المنصرم.

الموقع الذي ارتكبت فيه جريمة اغتصاب (فتاة القطيف) على يد سبعة شبانفي منتصف عام 2006م قبض على 6 شبان من بلدة العوامية بتهمة اغتصاب فتاة من إحدى قرى القطيف، وشهدت القضية جدلاً واسعاً ومحتدماً، وأدين الشبان بجريمة الاغتصاب، وطالب الناشطون الحقوقيون بتطبيق حد القصاص عليهم، إلا أن المحكمة فاجأت الجميع بعقوبات بالحبس تصل في مجموعها إلى 14 عاماً، ومعاقبة الفتاة التي اعترفت بوقوع الاغتصاب عليها بالجلد لاتهامها بالخلوة اللاشرعية، ويشير ناشطون حقوقيون إلى حادثة نفق النهضة الشهير بالرياض، وأدين في قضيته 4 شبان بمدد أحكام تصل إلى عشرين عاماً، رغم أن جرمهم كان التحرش الجنسي فقط..

بينما تعرضت فتاة القطيف للاغتصاب البشع من قبل رجال محصنين، ويحمل العديد من المواطنين الشيعة على المحكمة الشرعية ويتهمونها بالطائفية، ويقول بعض المواطنين لو إن القضية حدثت لإحدى فتيات القبائل النجدية لكان الحكم صدر بالإعدام ولكن وقائعها جر في القطيف الشيعية، وجميع أطرافها من الشيعة الموصومون بالظلال في الثقافة الدينية الرسمية، وموقف السلطة القضائية من الشيعة يتسم بالاتهام والاستنكار على

الدوام، لذلك فان هذا الحكم جاء متوافقاً مع المواقف المسبقة للسلطة القضائية.

في أوائل 2007م وزعت ناشطات حقوقيات في محافظة القطيف بياناً موقع من قبل 300 امرأة شيعية يطالبن عبر سطوره بالسماح لهم بأداء صلاة الجمعة والجماعة على غرار الرجال، وتشهد المدن الشيعية جدلاً واسعاً حول حضور النساء صلوات الجمعة التي بدأت في الانتشار في الآونة الأخيرة، والمعروف أن معظم المساجد المبنية حديثاً في المناطق الشيعية تحتوي على أقسام خاصة بالنساء إلا إن مجموعة من رجال الدين لا يؤيدون حضور المرأة صلاة الجماعة ويحثون أتباعهم على منع نسائهم من ارتياد المساجد لأسباب دينية واجتماعية.

فتاوى العلماء الوهابيين ضد الشيعة

شهد العام المنصرم صدور الكثير من الفتاوى والمواقف ذات الأبعاد الطائفية المباشرة ضد الشيعة وفي مقدمتها شيعة المملكة، فقد اصدر الشيخ سفر الحوالي أثناء حرب تموز بين حزب الله وإسرائيل فتوى يحرم بموجبها مناصرة حزب الله لكونه حزبا رافضيا معاديا لأهل السنة والجماعة، كما هاجم الشيعة السعوديين ووصمهم بالشرك، وتأتي فتواه بعد فتوى مماثلة أصدرها الشيخ عبد الله بن جبرين يحرم بموجبها الدعاء لحزب الله ويحذر فيها من فتنته ويدعو السنة للحذر منه، كما اصدر الشيخ ناصر العمر تحذيرات

مشابهة، في تناقض تام مع فتاوى سلفية أخرى كفتوى فيصل الفواز الذي أجاز الدعاء لحزب الله في حربه ضد إسرائيل فقط والشيخ سلمان العوده الذي أصدر فتوى تؤيد المقاومة ضد إسرائيل إلا انه لم يشر لحزب الله، وبالتزامن مع ذكرى تفجير مرقدي إمامي الشيعة الهادي والعسكري في سامراء بالعراق، أصدر الشيخ عبد الله بن جبرين فتوى يؤكد فيها على حرمة إقامة الأضرحة ووجوب هدمها حال التمكن، ووصمها بالشرك والغلو والبعد عن الدين، واصدر الشيخ صالح اللحيدان، رئيس مجلس القضاء الأعلى فتوى كفر فيها الشيعة أيضاً ووصفهم بالرافضة الذين يكفرون أهل السنة واتهم شيعة المملكة والخليج بولاء إيران، وقال بأن حزب الله اللبناني هو حزب الشيطان وموالي لإيران.

في أروقة مهرجان الجنادرية الذي يشرف عليه الحرس الوطني، تم الترويج لاسطوانات سمعية ومرئية تحذر من الخطر الشيعي وتنال من شخصيات شيعية رفيعة المستوى، وتدعو أهل السنة إلى الحذر من الشيعة والبرنامج النووي الإيراني، وحقيقة المخطط الشيعي لنشر التشيع في العالم الإسلامي، واحتوت الاسطوانات رسوم متحركة تنال من الشيعة، ولم تتخذ السلطات أية إجراءات لمنعها.

في مقابلة مع إحدى الصحف العربية قال الملك عبد الله بان هناك ثمة مخطط لنشر التشيع في عدد من البلدان الإسلامية وأن هذه الخطة ستفشل لأن معظم المسلمين يدينون بعقيدة أهل السنة والجماعة، وفي كلمته

بمجلس الشورى حذر الملك عبد الله من فتنة شيعية سنية في المملكة كامتداد للصراع الدائر في العراق، وأكد على دور حكومته في التقريب بين الشيعة والسنة ورأب الصدع وإخماد الفتن، وحث المسلمين على الوحدة، كما وحذر إمام الحرم المكي الشيخ الدكتور عبد الرحمن السد يس من ظواهر التعصب والمذهبية والطائفية التي "**تشتت شمل الأمة وتعوق بناءها وازدهارها وتقدمها الحضاري**". وشدد على أن الأمة في حاجة ماسة إلى إشاعة ثقافة الحوار والتسامح، والتوجّه بثقافة الإسلام إلى العالمية، فهو أفضل من الصراعات المذهبية. وحث على التسامح ونبذ الخلافات والوحدة بين المسلمين، وقال إن مذهب أهل السنة قائم على احترام أهل البيت وحبهم لهم وان أئمة أهل البيت هم أئمة لأهل السنة أيضاً، إلا أنه لم يشر لموقفه من الشيعة.

في موقف لافت تبرع الأمير السعودي الوليد بن طلال بملايين الدولارات للجمعيات الخيرية السعودية في جميع أنحاء المملكة واستثنى منها الجمعيات الخيرية في المناطق الشيعية.

أصدر الشيخ خالد الماجد فتوى اعتبر بموجبها أن أم النبي آمنة بن وهب ماتت مشركة في تحدٍ صريح لمعتقد الشيعة قاطبة بموتها على الإسلام وخلودها في الجنة ولاقت فتواه استهجان واسع بين مختلف المذاهب الإسلامية، كما أصدر شيوخ اللجنة الدائمة للإفتاء وهم عبد العزيز آل

الشيخ، رئيس اللجنة، وأعضائها عبد الله الغديان، وصالح الفوزان، وأحمد المباركي، وعبد الله المطلق، وعبد الله الخنين، وسعد الشثري، ومحمد آل الشيخ، ويوسف الغفيص، فتوى قالوا بموجبها أن الدولة الفاطمية الشيعية التي قامت في مصر لا تنتسب للإسلام وأهل البيت وان مؤسسها مجوسي واتهموها بأن دورها كان السعي لتمزيق المسلمين ونشر العقائد الباطلة بينهم ومحاربة دولة الخلافة.

نشاط هيئة الأمر بالمعروف والنهي عن المنكر في المناطق الشيعية

توقفت هيئة الأمر بالمعروف والنهي عن المنكر عن ملاحق الناشطين في تجارة المطبوعات الشيعية في القطيف إلا إنها ظلت تمارس الحظر والمطاردة في بقية المناطق، ويقول مواطنون في القطيف أن رجال الهيئة يجوبون الأسواق بحثا عن بائعي الأفلام المحظورة، الذين يسوقون منتجاتهم دون ترخيص ودون رقابة وينافسون الشركات العاملة في المملكة، التي تشتري حقوق نشر الأفلام السينمائية وباقي المصنفات الفنية بآلاف الدولارات بينما يسوقها الباعة الجائلون بأقل من دولار ونصف، ولا يعترض رجال الهيئة بائعي المطبوعات الدينية، ويقال أن تعليمات صدرت لهم بهذا الشأن من الجهات الأمنية، ولم يسجل لرجال الهيئة أية أنشطة ذات أبعاد طائفية واسعة في محافظتي القطيف والاحساء وبقية المناطق، عدا إيعازها إيقاف عرض مسرحيتين نسائيتين، الأولى: "**حج يا حاج**" التي كان مقرر عرضها في موسم حج 1427هـ

بضاحية العوامية، وقبلها أي في عيد الفطر حضرت الهيئة أيضاً عرض مسرحية "قيس وليلى" النسائية التي نظمها **منتدى نون النسائي** ضمن فعاليات عيد الفطر، إلا أن الهيئة ألغت مهرجان العيد ومن ضمنه المسرحية لأسباب لم يعلن عنها.

تمكنت هيئة الأمر بالمعروف في القطيف من القبض على رجل من جزيرة تاروت اتهم بممارسة الشعوذة (وهي تهمة دارجة في القضاء السعودي)، وممارسة الجنس مع عدد كبير من النساء وجاري محاكمته، كما قبضت الهيئة على سائق حافلة مدرسية اتهم بممارسة الجنس مع فتيات قاصرات في المرحلة المتوسطة.

فيما عدا ذلك ظلت هيئة الأمر تمارس أنشطتها المعتاده في المناطق الشيعية على غرار مناطق المملكة الأخرى كالإشراف على سريان حظر الاختلاط بين الجنسين والمحافظة على التقاليد وإغلاق المراكز التجارية أوقات الصلوات الخمس وغيرها من المهام.

شيعة حائل والمدينة ونجران

لم يشهد العام المنصرم أية تغييرات في القضية الحقوقية لشيعة حائل والمدينة المنورة، ما يزال الحظر التام والتهميش الشديد للشيعة مطبقاً دون بوادر للإصلاح، ما يزال شيعة حائل والمدينة يمارسون شعائرهم الدينية في سراديب تحت الأرض وفي مزارعهم، ولم يسمح لشيعة المدينة المنورة البالغ

عددهم أكثر من مائة ألف مواطن بافتتاح مسجد يؤدون فيه الصلاة، وما يزالون مهمشين تهميشا كاملا وغير قادرين على ممارسة حياتهم الدينية علانية ويتعرضون لأقسى أنواع التهميش والإقصاء من قبل السلفيين والأجهزة الحكومية الأخرى، في كافة الجوانب وفي مختلف المجالات.

أما شيعة نجران، الذين يعتنقون المذهب الاسماعيلي، فبرغم من زيارة الملك عبد الله للإقليم والإعلان عن مشاريع بالملايين إلا أن الأوضاع المعيشية والمذهبية لم تشهد أية تغييرات، فيما ظل عشرات المعتقلين الشيعة الدينيين والسياسيين في السجن وعلى رأسهم الشاب: هادي آل مطيف الذي أكمل سنته ال15 في السجن بتهمة سب النبي، كما وأن الملك عندما زار الإقليم أُلغى حفل كان قد أعده الأهالي لصالح حفل آخر تسيطر عليه وزارة الداخلية وتنظمه قبائل منحت الجنسية السعودية قبل فترة وجيزة وموالية للحكومة.

بتاريخ 4 سبتمبر 2006 وزع بيان قال فيه ناشطون حقوقيون في إقليم نجران إنهم سينضمون اعتصاماً ضخماً احتجاجاً على الاضطهاد الحكومي للأكثرية المذهبية في الإقليم، وقال البيان أن السنوات الست التي قضائها الأمير مشعل بن سعود آل سعود شهدت ذروة الاضطهاد ضد الشيعة شملت إغلاق المساجد الإسماعيلية، واعتقال وتعذيب مئات الإسماعيليين، وإصدار أحكام ضدهم في قضايا مفتعلة، وتوطين قبائل يمنية تنتمي إلى المذهب السني لتغيير التركيبة السكانية في نجران والاستيلاء على

أراضي زراعية وتجارية شاسعة من مالكيها المحليين لصالح أمير المنطقة مشعل بن عبد العزيز، كما ويعاني أبناء المذهب الإسماعيلي من حرمانهم من المشاركة السياسية في الحكومة ومن تدريس مذهبهم في المساجد التابعة لهم.

إلا أن الاعتصام لم ينظم حيث تواجدت أعداد كبيرة من قوى الأمن حالت دون تنفيذه.

الشيعة السعوديين بين العمل في الإطار الوطني والمعارضة الخارجية

يسعى القادة الشعبيين والدينيين للشيعة بعد إنهاء المعارضة والعودة الطوعية للبلاد، في أواسط التسعينات من القرن الماضي إلى التفاعل مع الحكومة والقوى الفاعلة في البلاد، وقد حققوا بعض الانجازات، منها انجازات المجلس البلدي بالقطيف، ومنها زيارة الشيخ محمد الصفار لمهرجان شعبي أقيم في مدينة عنيزة، المعقل الرئيسي للسلفيين السعوديين، وقد حظي باستقبال حارٍ من قبل أمير المنطقة ورجال القبائل والأهالي ورجال الدين هناك..

وتعد زيارة الشيخ محمد الصفار الأولى على مستوى المملكة ولاقت أصداء متميزة لدى المواطنين الشيعة والسنة وأشاد بها الكتاب السعوديين في الصحف الرسمية، كما ويشارك رجال الدين في العديد من الأنشطة الحكومية، ولا يكاد ينقطعون عن زيارة المسئولين الحكوميين المدنيين والأمنيين، خاصة محافظي وأمراء المناطق، بالمقابل أصدر الكاتب أحمد العلي وهو اسم مستعار

على ما يبدو لشخصية شيعية مجهولة كتاب تحت عنوان: "**شعب القطيف في القرن الحادي والعشرين**" انتقد فيها أوضاع الطائفة الداخلية وعلاقتها بالحكومة ودعا إلى تأسيس حركة معارضة في الخارج تحمل على عاتقها المطالبة بحقوق الشيعة ومواجهة النظام السعودي، كما صدر له كتاب على الانترنت بعنوان: "**مقالات في الاستبداد السعودي**" شن من خلاله هجوماً لاذعاً على العائلة المالكة والنظام السياسي والاجتماعي السعودي، كما ويتواجد الكاتب مع مجموعة أخرى على الانترنت ما بين حين وآخر لينشروا مقالات تحريضية يهاجمون فيها سياسات العائلة المالكة ويحثون طائفتهم على العصيان، وأغلب الظن أنهم يكتبون بأسماء مستعارة خوفاً من كشف هوياتهم من قبل الأمن ولا يتحركون كتنظيم سري بل كمواطنين مستاءين من جمود الإصلاح في المملكة.

عينت الحكومة، بناءً على توازن القوى في المجتمع الشيعي بالقطيف، قاضي جديد للمحكمة وهو الشيخ محمد العبيدان، وعينت نائب له وهو الشيخ سليمان أبو المكارم، وعينت في هيئة التمييز بالمحكمة الشيخ علي آل محسن لينضم إلى قاضيي تمييز آخرين في الهيئة هما الشيخ عبد الرسول البيابي والشيخ غالب الحماد، وسلطات محكمة الأوقاف الجعفرية محدودة ويطالب الأهالي بتوسيعها، إلا أن هذه المطالب تواجه معارضة شديدة من قبل السلطات السلفية المسيطرة على سلك القضاء.

حمزة الحسن:

ينشط الحقوقيون الشيعة من النخبة المثقفة ورجال الدين في الحياة الاجتماعية، كما وينشطون في العلاقات الحية والتواصل الدائم مع أمراء العائلة المالكة ومسئولي الحكومة ويسعون لفك عزلة الأقلية الشيعية وإنهاء التمييز ضدها وإعدادها لتكون احد عناصر النسيج الوطني والشعبي السعودي، لا يخالفهم في ذلك سوى عدد على أصابع اليد آثر المنفى على العودة للوطن، في لندن يعيش الدكتور حمزة الحسن وهو عضو سابق في حركة الإصلاح الشيعية بصحبة زميله الدكتور فؤاد البراهيم الذي حصل على شهادة الدكتوراه حديثاً، ولا يمارسان أية أنشطة معارضة للحكومة ولكنهما يحتفظان بمواقف منددة بالسياسات السعودية الداخلية والخارجية ويرفضان العودة والتواصل مع الحكومة.

في أواخر 2006م عاد من لندن بعد أكثر من 10 سنوات قضاها في لندن الدكتور توفيق السيف نائب حركة الإصلاح المنحلة واستقر في مسقط رأسه بجزيرة تاروت، وينشط في واشنطن الناشط السياسي علي آل احمد، وهو عضو سابق أيضاً في حركة الإصلاح، عاد أواسط التسعينات بعد العفو الحكومي ولكنه ما لبث إلا قليلاً حتى عاد إلى المنفى واختار واشنطن ليمارس منها أنشطته المناوئة للحكومة السعودية، ويدعو الأحمد إلى تأسيس حركة معارضة خارجية ولا يرى جدوى من سياسة زملائه في الداخل.

وقع العديد من الناشطين الشيعة على العرائض المطالبة بالإصلاح، إلا أن عريضة **البيان الدستوري** التي رفعت للملك خلال شهر مارس 2007م لم ويقع عليها أحد من الشخصيات الشيعية المعروفة، بعض الكتاب من المتشددين كتبوا أثناء الحرب تموز بين لبنان وإسرائيل أن على الشيعة في المملكة أن يوالوا حكومتهم تماماً وان لا يتخذوا أية مواقف متعارضة مع سياساتها، إذا كانوا يرغبون بالمساواة مع المواطنين السنة الذين يشكلون الأغلبية الساحقة من السكان، الأمر الذي لاقى استنكاراً واسعاً ما بين الكتاب والمفكرين ورجال الدين الشيعة، وذكر بعضهم بأن في إسرائيل نظمت تظاهرات منددة للحرب، فهل هذا يعني عدم ولاء المتظاهرين لدولة إسرائيل وعمالتهم لحزب الله والعرب؟...

يبقى فوز الطائفة الشيعية بحقوقها مرهون بإصلاحات شاملة وعميقة ومباشرة وفاعلة في النظام السياسي والاجتماعي والديني والاقتصادي السعودي، وإلا فإن أغلب الظن أن الشيعة يسيرون في نفق مظلم ليس من اليسير بلوغ نهايته، سيبقى اللاعبون الشيعة يرمون بالكرة دون أمل في تسجل هدف الفوز، وستظل تصريحاتهم في وسائل الإعلام تسبح في الفضاء الواسع دون أن تدخل في قلوب وعقول صناع القرار، وستبقى الأقلية الشيعية تعاني التهميش والطائفية حتى إقرار دستور يحول مملكة العائلة المالكة إلى مملكة

السعوديين ودولة الأسرة الحاكمة وحلفائها من السلفيين والقبليين إلى دولة المواطنة والعدالة والمساواة والحرية.([9])

([9]) التقرير الحقوقي الثاني 1 يناير 2006م – 30 ابريل 2007م – شبكة راصد الإخبارية – نقلاً عن موقع إسلام دايلي – الرابط:
http://www.islamdaily.org/ar/alsaudia/5597.article.htm

تفوق "التشيع السياسي" وصعوده.. لماذا؟

يوسف الدايني

يبدو أنه لا حدود لسيطرة "الملالي" وهيمنتهم، فصعود الإسلام السياسي الشيعي ممثلا في حزب الله وأنصار الله الحوثيين في اليمن، وعشرات المتحولين إلى مربع التمدد الإيراني برافعة التشيع السياسي لم يقرأ بعد بشكل جيد خارج أقواس "الطائفية" و"الصفوية" وإلى آخر دفاعات الإسلاميين الهشّة التي تزيد من تعقيد المسألة وتركيبها، وبالتالي تأتي هذه الاصطفافات الطائفية بنتائج عكسية تماما، فحالة التثوير لليمن عقب أزمة صعدة، ثم لاحقاً نزوع الإسلام السياسي والإخوان نحو الانفصال الأبدي عن جسد السلطة ومحاولة القفز من مراكب السلطة إلى الثورة إلى الفراغ إلى حثّ "التطرف"، ليقوم أيضاً بدوره في بلد يقبع تحت مخزون سلاح لا يشبه أي موقع على كوكب الأرض.

هذا المثال الصغير لتفوّق التشيع السياسي وصعوده يطرح من الأسئلة أكثر مما يحاول الإجابة، فما السر إذن في هذا التفوق في بلدان يشكل فيها أنصار "الإسلام السياسي الشيعي" أقلية وأقلوية بالمعنى العدد والآيديولوجي، إذا ما علمنا الفوارق الهائلة بين المذهب الشيعي باعتباره مكوّناً متنوعاً

للفضاء الديني العام في الخليج إلى الإسلام السياسي الشيعي في المنطقة الذي، باستثناء حزب الله – الدولة، ظلّ تحت الأقبية والفعاليات السرّية التي لم تقترب أصلاً من حدود واكتساح المعارضة السنيّة منذ منتصف السبعينات الميلادية.

محاولة حشر "**سبب واحد ورئيس**" في فهم هذا الصعود هو جزء من أزمة التسطيح في تناول أزمات المنطقة، والتي باتت مسرحاً ليس للهواة فحسب، بل حديث أقانيم الإنترنت بما تحمله من طابع الثرثرة وصولاً للهذيان السياسي أحياناً.

الإسلام السياسي السني وبعض المسؤولين المنحازين لكتلة "**السنة**" باعتبارها كتلة تعبر عن هويّة سياسية مضطهدة يرون أن السبب يكمن في تبني الولايات المتحدة والغرب وتساهلهم مع الإسلام السياسي الشيعي، ويعللون هذا التمكين بسبب عدم التورّط المباشر في العنف الفوضوي، إضافة إلى وجود بنية هرمية واحدة على مستوى التنظيمات والفكر والمرجعية الدينية والولاء للمناخ العام في طهران، بحيث تصبح كل الخلافات مجرد اختلاف في الدرجة وليس النوع، كما يقول أهل المنطق.

آخرون يرون أن إيغال الإسلام السياسي السني ونزوعه نحو التطرف منذ انفصال وولادة "**القاعدة**" عن جسد التيارات الإسلامية كان عاملاً مهماً وحاسماً في التمييز بين الحركية العنفية والحركية التغييرية ذات الطابع

السلمي كما يقال والتي أبان الربيع العربي مشكوراً عن أنه "**مشروع انقلابي**" ناعم وخشن في آن واحد، يهدف إلى الوصول إلى السلطة والانفراد بها ولو عبر شعار الديمقراطية وليس الحاكمية.

والحال أن كلا التعليلين يحملان وجهاً من الصحّة، لكنها الصحة التي تخفي أعراضاً أخرى لا يتم تشخيصها، وأهم ما في ذلك هو تجريد ملف السياسي من سياقه التكويني والتاريخي والتعامل معه كأنه طارئ تغوَّل على المنطقة، ولم يكن صنيعتها ببطء وبمشاركة كل الأطراف لأسباب تغيرّت الآن مع تغير الداعي لها سواء في استخدام السلطة للإسلام السياسي أو اختراق الأخير لجسد وبنية السلطة، وهو أكثر تأثيرا من سابقه رغم الأعين التي تخطئ ملامح المشروع الانقلابي، الذي بدأ منذ أن تم تثوير "**الحالة السلفية**" ودفعها باتجاه الحركية.

على الضفة الأخرى كانت التراتبية الدقيقة والمعقدة التي يحملها المذهب الشيعي التقليدي قد انتقلت إلى الإسلام السياسي الشيعي الأنضج على مستوى آليات الحركة، والفصل بين الميليشيات وباقي الفعاليات الدينية، فالتنظيمات العنفية لا ترى نفسها نداً للتنظيمات الآيديولوجية أو حركات التمدد الناعم بأدواته الدعوية والشرعية، فالجميع متكاملون في خدمة المشروع العام، بينما حالة التنافس إلى درجة الاقتتال تسود المجموعات السنية منذ البداية وليس كما يشاع عقب الربيع أو الاصطدام بالسلطة، هناك تراث

وإرث كبير جداً من الخصومة التي تبدأ بالردود العنيفة وقد تصل إلى حد هدر الدم والحكم بالردة.

الإسلام السياسي الشيعي يتوسل السياسة بالسياسة وليس بشعارات دينية فوق مجتمعية ليتحولوا لاحقاً إلى نخبة سياسية بقاعدة شعبية تم اكتسابها بشعارات دينية، ومن هنا وقع الإسلام السياسي في مأزق ادعاء شرعية مستقلة عن باقي المكونات الدينية، ومن جهة ثانية نافس التيار السلفي العريض ثم ابتلعه عبر تثويره سياسيا ليتشظى لاحقا مع صعود موجات العنف.

الآن قد يدرك الإسلام السياسي ممثلاً في الإخوان هذه القصّة، وتشير محاولات الانحياز إلى تركيا إلى ليس فقط تحويل النموذج التركي إلى نموذج تعممه الجماعة، لأن هذا شيء بعيد جداً، لكن الأهم أن الفضاء الديني العام في تركيا غير مهيأ للتصالح مع فكرة الإسلام السياسي ففي النهاية إردوغان يحاول القفز على الكمالية عبر القفز على القانون والاصطدام بالمكونات الاجتماعية المعجونة بحياة علمانية مدنية، من الصعب جدا على الأتراك التنازل عنها.

أفلحت "إيران" في تصدير ثورتها مع ضبطها، بينما فشل العرب والمسلمون السنة في إيجاد صيغة صحيّة لعلاقة الديني بالسياسي، إيران تقدم نفسها مع حلفائها وأذرعها السياسية في المنطقة ككتلة واحدة كبيرة قابلة

للتفاوض؛ فإن ذلك قد تم برافعة طائفية عبر تصدير التشيع السياسي، وهو الأمر الذي قد يصعب القيام به بتكوين تحالف سني سياسي، ليس فقط بسبب ضبابية المفهوم السني بمعناه السياسي التحشيدي، ولكن أيضا لأن تحالفاً كهذا، من شأنه أن يرتد على انقسامات داخلية عنيفة بسبب ما قد يسببه من موت محتم لمفهوم المواطنة الذي يعيش أكثر أوقاته حرجاً، بينما يدعو بعض الإخوانيين أكثر من الإخوان أنفسهم أن تتجاوز المنطقة ما يصفه بـ"**المكارثية**" ضد جماعته.([10])

([10]) تفوق "التشيع السياسي" وصعوده.. لماذا؟ – يوسف الديني – مقال – جريدة الشرق الأوسط اللندنية – 14 / 10 / 2014 – رقم العدد 13104 – الرابط:

http://www.aawsat.com/home/article/201001?archive=1
&date=////04/25/2014

حصاد 3 سنوات من ظلال "الربيع العربي" على العوامية والقطيف عمائم "صحوية".. ورعيل جديد ينتقل من "التشيع السياسي" إلى "الثقافي"

محمد جزائري من الرياض

تأتي أحداث العوامية التي وصفتها وزارة الداخلية بالإرهابية، من جراء تضحية ثلاثة من شهداء الوطن في مواجهة عصابة مسلحة في منطقة العوامية، لتمنح المراقب للمشهد فرصة قراءة حصاد ثلاث سنوات من الأحداث "الإرهابية" التي تزامنت بدايتها مع جذوة ما اصطلح عليه "**الربيع العربي**"، التي تبلغ في شقها الجنائي والأمني استشهاد تسعة من رجال الأمن، وإصابة 69 من زملائهم، و37 من المواطنين، وسبعة من المقيمين.

والحال، أن معظم هذه الحالات لا يمكن قراءتها بلا امتدادت سياسية صعوداً وهبوطاً طوال السنوات الثلاث الماضية. فحالة "**الإسلام السياسي الشيعي**" في المشهد السعودي لافتة للانتباه أخيراً في مواقفها السياسية المرتبطة بأحداث الداخل أو الخارج.

قبل الشروع في هذا الاستقراء الصحافي لحالة "**الإسلام السياسي الشيعي**"، لا بد من التأكيد على الفصل الجاد بين ما هو "**أخلاقي**" وما هو سياسي في قضايا "**الأقليات**"، وبرفض كامل للتشكيك في الانتماءات الوطنية سواء الفردية أو الجماعية التعميمية الانطباعية، فالتعبير عن "**المظالم والمطالب**" مشروع ومستحق للجميع، وبالتالي فهذا الاستقراء يُقصي هذا الجانب من النقاش تماماً ويركز على قراءته في قالبه السياسي فقط.

صعود نجم المليشيات الشيعية

تترافق أعمال العنف المسلح "**الإرهابية**" في العوامية والقطيف منذ ثلاث سنوات مضت، مع ظاهرة صعود نجم "**الميليشيات**" المسلحة الشيعية في المنطقة من لبنان إلى العراق وانتهاء بسورية.

في منطقة عربية ارتفع فيها منسوب الطائفية لدرجات غير مسبوقة الكثافة، كان من الضروري محاولة فهم السمات المشتركة بين جماعات العنف بشقيها السني والشيعي، ورصد ما إذا كانت أحداث "**العوامية**" الإرهابية تنتمي إلى هذا السياق، في شقه "**المتشيع سياسياً**" بالطبع.

كامل الخطي

كامل الخطي، الباحث والمثقف السعودي من أبناء القطيف، كتب سابقاً، عن ملامح تحالفات بين الأيديولوجيا "**الأصولية**" في القطيف وعصابات العنف المسلح، يرى في مداخلته مع "**الاقتصادية السياسية**" أن

"هذا الأمر غير ثابت لا بالدليل المادي المحسوس ولا بالاستقراء المنطقي. لكن هذا لا ينفي الإمكانية المستقبلية لتكون مثل هذه "الميليشيات المسلحة" أو "الأذرع العسكرية" على الأرض".

"إذ إن المراقب لما يحدث، سيلاحظ بسهولة بالغة كيف أن بعضاً من الناشطين السياسيين والحقوقيين لا يدينون أعمال العنف المُرْتَكَبَة من قبل هذه الجماعات؛ وعدم الإدانة قد يعني الموافقة على هذا النشاط، وقد يعني ــ أيضاً ــ الخوف من سطوة حملة السلاح الذين لا ضابط لأفعالهم".

ويوضح ما يعنيه الخطي على مستوى المشهد السعودي "حتى نطلق وصف ميليشيات مسلحة أو وصف ذراع عسكرية لحركة سياسية من أيّ طبيعة فكرية كانت وعلى أيّ أرضية أيديولوجية وقفت، يجب أن تتوافر ملامح محددة لعلاقة النشاط المسلح بتلك المنظمة أو الجماعة أو بذاك الحزب السياسي".

"إلى هذه اللحظة، لا تتوافر معطيات كافية تجعلني أطلق ــ وأنا مقتنع ــ صفة "الميليشيات المسلحة" على المجموعات التي تمارس العنف في منطقة القطيف. فالعنف يأخذ منحىً فوضوياً منفلتاً من عقال الانضباط الحزبي أو التنظيمي المُمَيِّز لـ "الميليشيات المسلحة"، التي عادة ما تتبع خططاً مرسومة تهدف من وراء تنفيذها إلى تحقيق أهداف

سياسية؛ الأهداف السياسية والخطط المُتَوَسَّل بها لتحقيق تلك الأهداف، تضعها بطبيعة الحال، القيادة السياسية لها".

يوسف الديني

وعلى النسق نفسه، يضيف يوسف الديني، الكاتب والباحث في الحركات الأصولية "**مشكل العنف بشقيه الشيعي والسني تقوم به أقلية شاذة، لكنها مسنودة بصمت الأكثرية غير المسيسة، التي تعتقد أن إدانة العنف خيانة للذات، من جهة أخرى دخل على الخط مجموعات منتفعة من العنف عبر استغلاله سياسياً، سواء في تضخيم المسألة أو تحويلها إلى صراع أممي، وهنا تدخل على الخط إشكالية التقاطع مع الخارج.. استخبارات ودول وكيانات مركزية وجماعات مسلحة عابرة للقارات، وهو ما زاد من تعقيد المسألة"**.

ويزيد الديني في حديثه لـ "**الاقتصادية السياسية**": "**منذ القاعدة وأخواتها مرت النخب بتحولات عميقة في التعاطي مع ظاهرة العنف من التأييد إلى التبرير إلى الاستغلال إلى التمييز، وما زالت تخوض الجدل بحسب المعطيات الجديدة، فيما يتصل بالعنف المسلح بمنزعه الشيعي هناك حالة من الصمت المتبادل بسبب حساسية ملف الأقليات، الذي يجعل من السلطات والمعارضة والنخب تتحسس في الحديث عنها، حتى لا ينسحب ذلك على الوضع الطائفي الذي يسود المنطقة، وهي**

إشكالية نابعة من عدم الفصل بين الإسلام السياسي والحراك الإسلامي، فالأول سياسي يتوسل الديني كشعار، والآخر تجليات لطريقة فهم الإسلام، والخلط بينهما يؤدي إلى الوقوع في أزمة الطائفية التي تجعل كل الأطراف تتجنب القيام بعمل إيجابي خوفاً من (الطائفية)".

عمائم "صحوية"

لفهم "**المزاج السياسي**" للمجاميع الشيعية في السنوات الثلاث الأخيرة، لا بد من العودة إلى الوراء لنحو أقل من سنة، حين أصدرت مجاميع من "**صقور**" المشيخة الشيعية ومثقفيها بعد أيام من إعلان وزارتي الداخلية والاستخبارات القبض على خلية تجسسية على أرض المملكة، بيانا رافضة فيه ما سمته "**مزاعم وزارة الداخلية السعودية**" بشأن شخصيات من المواطنين الشيعة، بتهمة التجسس والتخابر لمصلحة دولة أجنبية.

ورأوا أن سبب إعلان الداخلية السعودية القبض على هذه الخلية هدفه "**صرف الأنظار عن المطالب المتصاعدة بالإصلاح السياسي، وإنهاء الاعتقال من دون محاكمة عادلة**" — بحسب وصفهم، في إشارة واضحة لملف "**المعتقلين الأمنيين**" الساخن حينها، الذي بارك حراكه تنظيم القاعدة الإرهابي على لسان أبرز قادته في اليمن المطلوب أمنياً إبراهيم الربيش. فضلاً عن خطاب سلمان العودة الذي بدوره تبنى الضغط في القضية ذاتها في ذلك الوقت.

والحال، أن هذا البيان الذي استبق كل الأحداث، بنفي التهم عن الشخصيات التي تم القبض عليها، ويبدو في صياغته، وحشره قضية **"المعتقلين الأمنيين"**، أقرب لمحاولة اللحاق بعربة القطار الأخيرة للمعارضة الحركية **"الصحوية"** المحلية السنية **"الافتراضية"** (ما قبل سقوط الإخوان)، خصوصاً في فضاء شبكات التواصل الاجتماعي، الذي جعل البيان يستحضر أدبيات حالة **"دوار اللؤلؤة"** البحرينية في شكل **"افتراضي"** بدوره، من خلال لغته التشكيكية والتحريضية التي ترفع راية **"الإصلاح"**.

الشيخ **"الشيعي"** حسن الصفار، الذي تصدَّر اسمه هذا البيان، واجهة دينية وتنظيرية ثقافية، ربما يكون من المناسب أخذه كنموذج يُسعى من خلال تسهيل فهم مواقفه السياسية، لتكون مدخلاً لفهم شريحة واسعة يمثلها الشيخ، وبالتالي النظر في معاييره **"الإصلاحية"** إذا ما كانت تستخدم المسطرة السياسية والقيمية ذاتها، عند الحديث عن أي حراك سياسي **"ثوري"** لا يتماهى مع رؤية **"الإسلام السياسي الشيعي"** في المنطقة.

فليس من قبيل المصادفة أن يسقط الشيخ حسن الصفار ثورة الشعب السوري من خطبه على منبر الجمعة، التي يقول في إحداها **"الشعوب التي شهدت ثورات الربيع العربي في مصر وتونس واليمن والبحرين باتت اليوم تفاخر بنهجها السلمي"**.

بينما يصل عدد القتلى من الشعب السوري منذ تلك الخطبة إلى اليوم، إلى قرابة 140 ألف قتيل. وهذا التجاهل السياسي تبناه الكثير، وليس الكل بالطبع، من رموز الحراك **"الإسلام السياسي الشيعي"** في دول الخليج (السعودية، البحرين، والكويت).

الشيخ حسن الصفار، أحد رموز شيوخ **"الشيعة"** السعوديين الذين تمت المفاهمة على عودتهم في عهد الملك فهد – رحمه الله – إلى أرض الوطن، بينما أتاح له خطاب الملك عبد الله المنفتح على الحوار الوطني الداخلي العودة لواجهة المشهد المحلي، بعد ما يقرب من 15 عاماً من المعارضة، احتضنتها العاصمتان دمشق وطهران في فترات سابقة.

وشارك في مؤتمر الحوار الوطني في دورته الأولى، في واحدة من أبرز خطوات الدولة نحو الانفتاح الداخلي، سياسياً واجتماعياً، وتقديم المكون الشيعي كجزء طبيعي وأصيل من المشهد السياسي العام في البلاد، بجانب بقية الأقليات.

في منتصف الشهر الماضي، أجرى الصفار حواراً تلفزيونياً مع قناة **"الكوت"** الكويتية، المقربة من الحركات الشيعية في المنطقة.

في معرض سؤال استهجاني من المذيع استفسر من الصفار حول تقييمه للأصوات التي تنادي بتدخل **"أمريكا"** في سورية.

أجاب الضيف الصفار في معرض سؤال استلحاقي "سمعت بعض القيادات الشيعية مثل السيد نصر الله — أمين عام حزب الله في لبنان — سمعت منه في ذلك الوقت كان مخالفاً للتدخل الأمريكي في العراق، وكان يدعو الشيعة حتى للحوار مع صدام، ومع نظام صدام، حتى يفوتوا الفرصة على التدخل الأجنبي، وهذا شيء كان معلنًا في خطاباته وكلامه".

في الواقع، أن المعلن في خطابات نصر الله تدخله العسكري كميليشيا تقف مع نظام بشار الأسد داخل الأراضي الشيعية، وما يعلنه نصر الله أن تمويله قادم من إيران، وأخيراً ما يعلنه بوضوح أكبر أن مرجعيته عابرة لجغرافية لبنان الوطنية لتتعداها بولاء سياسي للولي الفقيه في إيران.

انتقل الحديث في الحوار التلفزيوني إلى محور آخر، دون أن يسأله المذيع الشاب، حول ما إذا كان المقصود بالتدخل الأجنبي "المجتمع الدولي" فقط، أم أن التدخل الإيراني والروسي في الحرب السورية ينطبق عليهما "العقلانية" السياسية ذاتها التي استشهد بها الصفار، التي "لا تستنجد بالأجنبي"، نقلاً عن أمين عام حزب الله، المصنف إرهابياً على المستوى الدولي.

سمات العنف في خطاب "الإسلام السياسي"

تركي الحمد

لـ "الإسلام السياسي" بشقيه السني والشيعي سمات مشتركة —
بحسب الدكتور تركي الحمد، الكاتب وأستاذ العلوم السياسية: "حين
الحديث عن العنف، سواء كنا نتحدث عن الإسلام السياسي السني أو
الشيعي، أو حتى عن الخطاب الديني المسيس بصفة عامة، فإن
الخصيصة المشتركة بين الجميع هي التمسح "بالمقدس" لتبرير الغاية
واللجوء إلى مختلف الوسائل لتحقيق غاية هذا المقدس، ومن ضمنها
العنف، كما يفهمها هذا الخطاب أو ذاك، والباقي تفاصيل لا تؤثر في
الخيط الذي ينتظم جميع حبات المسبحة الدينية المسيسة، فالدين
ببعده المقدس، والسياسة ببعدها المدني لا يلتقيان".

"فسواء كنا نتحدث عن الإخوان المسلمين أو حزب الله مثلاً،
كممثلين عن تسييس الدين في فرعيه الكبيرين، فإن كليهما في التحليل
الأخير، لا يمارس السياسة بصفتها فن الممكن، أو بصفتها جزءً من
الفضاء المدني الذي يستلزم الأخذ والعطاء، مع ما في ذلك من ضرورة
التعايش بين عناصر اجتماعية مختلفة، لكنه يُمارسها بصفتها مجرد
وسيلة ضمن وسائل لتحقيق إرادة "الرب" على الأرض، وفق تفسيرهم".

"وبالتالي فإذا لم يتحقق المراد من خلال الفضاء السياسي
السلمي، فإن اللجوء إلى العنف (الجهاد المسلح) يصبح نتيجة ضرورية
نابعة من أبجديات الخطاب المُتبع، وذلك لجعل كلمة الله هي العليا،

ويكون الدين كله لله، وفق فهمهم وتفسيرهم وتأويلهم "لكلمة الله"، و"دين الله"".

وبالعودة للمشهد المحلي، في شقه الشيعي من حركات "الإسلام السياسي" ينبه الخطي وهو يواصل مداخلته: "الملتزمون بالإسلام الشيعي الاثني عشري أغلبيتهم أصوليون مع وجود أقلية إخبارية وأقلية أخرى من الشيخية؛ والإسلام الأصولي الشيعي ليس كتلة واحدة؛ لذلك سأتجنب إطلاق صفة "الإسلام الأصولي الشيعي" على أولئك السياسيين الذين يسرهم ويسعدهم النشاط العنفي، والذين هم حلفاء محتملون لجماعات العنف المسلح".

"وسأطلق عليهم وصف "مؤيدي العنف من الأصوليين الشيعة" بغرض تحري الدقة والبعد عن التعميم. إذ إن كتلة وازنة من الأصوليين الشيعة ترى أن الخيار الوحيد لحلحلة القضايا المطلبية هو التواصل مع مسؤولي الدولة".

"هذه الكتلة تفقد أهميتها يوما بعد يوم بسبب أن الكثير من جهودها المبذولة في سبيل نيل المطالب المحقة، لا تسفر عن نتائج إيجابية، وهنا يأتي دور الدولة التي ينبغي عليها الانتباه لهذه الكتلة والعمل على تقويتها اجتماعياً كي تتمكن من احتواء التوتر ومن نزع

شرعية الجماعات التي تمارس العنف والجماعات التي تؤيد ممارسي العنف".

"المراجعة البسيطة في "المزاج" السياسي لبعض رموز التيار الحركي "الشيعي"، هبوطاً وصعوداً، يلاحظ أنها لا تختلف كثيراً عن مواقف مشابهة من رموز "التشيع" السياسي الحركي على مستوى منطقة الشرق الأوسط".

"ما يجعلهم نموذجاً مثالياً للرعيل الأول من المعارضة الشيعية الكلاسيكية، التي عادة ما تتناغم في "جديلة سياسية" مع الرؤية السياسية "المتشيعة" في رؤيتها الإقليمية، التي يشير لها الباحث الأمريكي من أصل إيراني ولي نصر، في كتابه "صحوة الشيعة "في معرض حديثه عن الصراع في منطقة الشرق الأوسط، قائلا: "في القطيف، فاز الشيعة بمقاعد كافية في المجلس البلدي تتيح لهم أن يناقشوا صراحة وعلناً المشكلات التي تواجه، في نظرهم، الطائفة التي يمثلونها. وإذا ما أخذنا في الحسبان إرث العلاقة بين الوهابيين والشيعة، التي ما كانت إلا لتزداد سوءا بفعل الحركة السلفية المتنامية في المملكة، فإن احتمالات وجود نزاع طائفي في المملكة تكاد تكون معدومة"".

"لقد كانت السعودية في ذهن آية الله السيستاني بشدة في مايو 2005 عندما انتقد الحكومة اليمنية على قمعها تمردا قام به الزيديون (فرع من الشيعة) في شمال غرب اليمن".

(جمعية الوفاق البحرينية الشيعية المعارضة أوقفت في البرلمان البحريني تمرير بيان يندد بالتهديد الحوثي للحدود السعودية الجنوبية المدعوم من إيران).

ويزيد نصر "كان ذلك تحذيراً لا مواربة فيه موجها إلى النظام السعودي بأن الصلات الشيعية العابرة للقوميات والمؤسسة الدينية في النجف ستمضي قدما في تحدي الأنظمة السنية".

الرعيل الثاني من "التشيع" الثقافي

مع بدايات ما يسمى "**الربيع العربي**" ظهرت مجاميع سياسية في السعودية، تتحرك بشكل جماعي تحت شعارات فضفاضة، مستلهمة التجربة المصرية بجل تفاصيلها. متشبعة بـ "**رومانسيات**" الثورة وصورها التي كانت تنقل من ميدان التحرير في القاهرة.

أبرز شعار استلهمته هذه المجاميع السياسية من "**الثورة**" المصرية هو "**دولة الحقوق والمؤسسات**"، وهو تمويه شعاراتي لفظي، أتاح تشكيل حالة من الاصطفاف السياسي للفرقاء أيديولوجياً.

وكان هذا الشعار أشبه بمخدر يؤجل تفجر الخلاف المحتوم بين هؤلاء الفرقاء السياسيين، حين يحين تطبيق مفهوم "**دولة الحقوق والمؤسسات**"، لكن كل حسب فهمه للحقوق وللمؤسسات.

لم تلبث أسابيع من تولي "**الإخوان المسلمون**" مقاليد السلطة في مصر، حتى عاد بقية شركاء "**الشعارات والثورة**" للشارع في احتجاجات عارمة ومصادمات وصلت حد وجود ضحايا وقتلى، نتيجة الخلاف الحاد الذي شب بينهم وبين "**الإخوان المسلمين**" شركاء شعار "**دولة الحقوق والمؤسسات**". هذا الشعار الذي اتضح لاحقاً أن الجميع يفهمه على طريقته، بلا رؤية فلسفية مشتركة، بل انتهى بخلع الإخوان من الحكم إثر مظاهرات شعبية عارمة.

كل مراحل هذا الحراك وتقلباته وتشظيه، انعكس ظلها على المشهد الشبابي"**المسيس**" في السعودية من خلال وسائل التواصل الاجتماعي، وتحديداً "**تويتر**".

الرعيل الثاني من الفعاليات الثقافية "**الشبابية**" التي تمثل "**التشيع السياسي**" غير المعَمَّم، الذي يستخدم أدوات أكثر حداثة في التعبير عن "**المظلوميات**" السياسية، وجد ضمن حشود "**دولة الحقوق والمؤسسات**" مكاناً يطل منه على المشهد السعودي، ويوفر له إحساس العمق الجماهيري، حتى ولو كان مؤقتاً.

ينقل الباحث الأمريكي فريدريك ويري، وجهة نظر الفعاليات الشيعية الشابة في الحراك "**الحقوقي**" السائد، في ورقة بحثية مقدمة لمؤسسة كارنيجي البحثية الشهيرة تحت عنوان: "**وعود شرقية**"، كاتباً "**ينظّم الناشطون السنّة في المعقل السلفي في القصيم احتجاجات منسَّقة للمطالبة بالإفراج عن رجال الدين الذين يتجرّأون على الكلام. ويعتبر الناشطون الشيعة الشباب أن هذه الشخصيات السنّية تستلهم، سواء أقرّت بذلك أم لا، من الجرأة في الكلام وثقافة الاحتجاج في المنطقة الشرقية**".

ويشير في موقع آخر من الورقة البحثية "أما الناشطون والمفكّرون الشيعة الأكبر سناً فمعجبون بحماسة الشباب، لكنهم يشتكون من افتقارهم إلى البرنامج والتنظيم. لقد بُذِلت محاولة لتوحيد المجموعات المختلفة في المنطقة الشرقية في إطار "ائتلاف الحرية والعدالة"، لكنها منيت بالفشل".

"ربما توحي الصفحات التي تملكها مجموعات أخرى عبر موقع "فيسبوك" بأن هناك درجة من التنظيم والتماسك، إلا أن الواقع على الأرض مغاير".

وفريدريك ويري هو باحث أول في **برنامج الشرق الأوسط في مؤسسة كارنيجي للسلام الدولي**. استند في ورقته البحثية إلى معلومات

جمعها خلال زيارة قام بها إلى المنطقة الشرقية في السعودية في كانون الثاني (يناير) 2013. وسيصدر كتابه **"السياسة المذهبية في الخليج من حرب العراق إلى الانتفاضات العربية"** قريباً.

على أية حال، حزب الله اللبناني، الذراع العسكرية لإيران، الذي يجاهر علانية أمينه العام السيد حسن نصر الله بولائه الكامل لمفهوم الولي الفقيه في طهران، ربما يكون الموقف من أدائه السياسي، قرباً وبعداً، مسطرة **"قيمية"** حاسمة لحملة شعار **"دولة الحقوق والمؤسسات"**، خصوصاً مع موقف حزب الله تجاه **"الثورة"** السورية، التي دعم فيها نظام بشار الأسد بآلاف المقاتلين، بحسب تقارير دولية، فضلاً عن إدارة جزء من حملة العلاقات العامة لنظام الأسد ومحور **"الممانعة"** المكون من سورية وإيران وحزب الله، حتى أن هذا المحور هدد الخليج العربي علانية بإثارة القلاقل الداخلية إن لم يتوقف عن تبني دعم الشعب السوري ضد مكينة الأسد العسكرية.

وكون الحزب لبناني يجاهر بولائه لقيادة سياسية خارج لبنان، فكيف يستقيم التماهي مع تأييده وتقديمه مصالح إيران الطائفية على مصالح دولته **"القُطرية"** لبنان، مع مفهوم المواطنة، الذي يروج له شعار **"دولة الحقوق والمؤسسات"**؟

في هذا السياق، نستعرض رأياً لفاعليتين سعوديتين شيعيتين شابتين، وهما بدر الإبراهيم ومحمد الصادق، اللذان أصدرا أخيراً كتاباً تحت اسم: **"الحراك الشيعي في السعودية .. تسييس المذهب ومذهبة السياسة"**، اللذان يستحضران في معارضتهما السياسية **"الحديثة"** بعداً **"عروبياً"** قومياً عابراً للهوية الوطنية لصالح الهوية **"القومية"** على مستوى العمق الجماهيري. فيما ينظران ويدافعان بشراسة عن امتداد سياسي يتقاطع مع الهوية **"المذهبية"** لحركات **"الإسلام السياسي الشيعي"** كعمق جماهيري تقليدي.

فكتب بدر الإبراهيم في مقالة نشرت في عام 2010 ما نصه: **"يعي الحزب خطورة الفتنة المذهبية، وهو في أدبياته وعقيدته الدينية والسياسية يحرص أشدّ الحرص على وحدة المسلمين ويعتبر استهدافها أكبر خدمة للعدو (..) للحزب وسائل إعلام خاصة به وأخرى تناصر قضية المقاومة. لكنّ الآلة الإعلامية المعادية للمقاومة لديها قدرة أكبر على الانتشار والتأثير، خصوصًا في الخليج العربي"**.

فيما غرد محمد الصادق في موقعه الشخصي في **"تويتر"** عن قرار المجتمع الدولي باعتبار ممارسات **"حزب الله إرهابية"**، بما نصه **"كل من يقبل بتحويل حزب الله إلى منظمة إرهابية عميل للصهيونية"**.

ربما تكون مضامين هذه التغريدة مناسبة لإنهاء هذا الاستقراء الصحافي، بكل ما تحويها من تعميم وتخوين وتهميش للرأي المختلف، الذي

لا يتبنى مشروع "**الطائفة الشيعية**" الأممي. ليكشف أن "**القشرة**" الحداثية للرعيل الثاني من متبنيّ "**التشيع السياسي**" في صيغته الثقافية لا تلبث أن تكشف عن جوهر سياسي لم يتغير.

ولكن قبلاً، لا بد من طرح الأسئلة حول غياب الرؤى النقدية الجادة من مثقفي أبناء الطائفة الشيعية السعوديين لـ "**الإسلام السياسي الشيعي**" أسوة برموز أكاديمية ودينية في دول الخليج المجاورة. ما زالت تسعى بجدية ومنهجية علمية إلى عقلنة خطاب "**التشيع**" السياسي.

يجيب عن هذا التساؤل الحمد بقوله: "**إذا ما ابتعدنا عن الخطاب الديني، بشقيه السني والشيعي، فإن الخطاب الثقافي السعودي يشترك فيه الجميع، إلا إن كان المقصود هو النتاج الفكري للمثقفين الشيعة، فتلك مسألة أخرى.**

وعلى افتراض أن هناك خطاباً ثقافياً شيعياً سعودياً، فإنه من المنطقي أن ينشغل بمسألة نقد الخطاب الديني السني، وقضية التعايش مع المذهب السني، وذلك ببساطة لأن المذهب السني مذهب الدولة، والسنة هم الأغلبية الساحقة في المجتمع، والخطاب السني، الديني والثقافي والتاريخي والسياسي، بشكل عام هو المهيمن على العقل المجتمعي السعودي، بحيث أصبح هذا المجتمع ينظر إلى العالم من حوله بعين طائفية أو مذهبية واحدة، وبالتالي فإن نقده من قبل مثقفي السنة

والشيعة على السواء، نقد اجتماعي ثقافي متعلق بمكونات الوطن والمواطنة، وليس بالضرورة طائفيا أو ملتزما بالخطاب الديني".

"ولتوضيح المسألة أكثر، أقول: إنه لو افترضنا أن السؤال ذاته كان موجهاً لمثقف إيراني، حيث الوضع الاجتماعي والثقافي هو ذات الوضع السعودي إلى حد كبير، لكن مع عكس وضعية المذاهب، لما تغير مضمونه كثيراً، مجرد وضع كلمة شيعي محل سني، وسوف تحصل على الإجابة نفسها إلى حد كبير.

وعلى فكرة، هناك الكثير من مفكري الشيعة الذين دبجوا المقالات وحبروا الكتب في نقد الخطاب السياسي الشيعي، بل نقد ذات المذهب من زاوية معرفية".

لكن الباحث الديني، لديه زاوية نقدية أخرى تذهب في اتجاه معاكس للحمد، شارحاً "للإخوة المواطنين الشيعة كل الحق في الاستياء من منسوب الطائفية المرتفع، لكن لا يمكن للتسامح أن يولد من حالة العزلة المتبادلة، أخذ المبادرة في هذا التوقيت الحساس للتأكيد على المواطنة والتفريق بين التشيع الديني والتشيع السياسي المرتبط بأجندات خارجية أو الممارس للعنف الانفصالي عن جسد الدولة هو أول خطوة لحسم هذا الجدل، ولا سيما هو ما سيتلقفه العقلاء بالإكبار والتأييد لهذا النوع من القفز على حالة "الصمت" التي كلفتنا في نسختها السنية

منذ أحداث العنف في الرياض في منتصف التسعينيات سنوات طويلة ليعم الفصل بين القاعدة والإسلام السياسي وبين التنوعات الدينية والمذهبية التي هي مصدر إثراء وجذب وليست أيديولوجيات طاردة مباينة ومفارقة للدولة والمجتمع، هذه القناعة التي تشكلت بعد سنوات تقترب من العشر وما زالت محل التباس في حاجة إلى نظيرها في الجانب الشيعي عبر مبادرات شجاعة لا تلتفت إلى صوت الطائفية العالي الذي تفرضه طبيعة التحولات في المنطقة، ولا سيما مع حالة الاشتباك بين الإرهاب القاعدي وإرهاب الميليشيات المحسوبة على إيران".

السعوديون "**الشيعة**" مكون أصيل من الهوية الوطنية الثرية بتنوعها، وجزء لا يتجزأ من النسيج الثقافي والسياسي والاجتماعي والتاريخي للسعودية.

وبمقارنة بسيطة بين مد المنسوب الطائفي المتبادل والمرتفع لدى رموز الإسلام السياسي "**الصحوي**" الذي تحالف معه "**الإسلام السياسي الشيعي**"، سيظهر في المقابل جدية خطوات الدولة في إدماج المكون الشيعي في الحوار والتمثيل، حتى إن أسرع قليلاً حيناً أو أبطأ قليلاً تارة أخرى،

سيكشف بدوره خطورة المأزق الذي يدفع باتجاهه بعض المقامرين سياسياً وحركياً من الطرفين، على حساب الاستقرار السياسي.([11])

التشيع السياسي.. السلطة غاية والدين وسيلة

يستفاد من سجلّ "الثورات" في الإسلام، أن الحركات الدينية غالباً ما تنقلب إلى فتن مذهبيّة أو طائفية، وأن أهدافها السياسية تتحوّل إلى مثالات عقيدية.

استحضار الدين والتاريخ من أجل غايات سياسوية

لا يجد المسلمون في النموذج الإخواني المصري (المسبوق والمتحدد بالنموذج السلفي) نظاماً جامعا ودامجا لأمتهم أو لأممهم بالتدقيق في دولة

([11]) حصاد 3 سنوات من ظلال "الربيع العربي" على العوامية والقطيف: عمائم «صحوية».. ورعيل جديد ينتقل من "التشيع السياسي" إلى "الثقافي" – تحقيق: محمد جزائري – صحيفة الاقتصادية الالكترونية – العدد: 7447 – 2/ 3/ 2014 – الرابط: http://www.aleqt.com/2014/03/02/article_829625.html

جديدة (إمبراطورية مؤجلة)؛ ولا يرون في النموذج الإيراني سوى منهاج مذهبي لا يصلح لغير إيران بذاتها (96 بالمئة شيعة)، وحتى إنهم يقولون: لا يصلح حتى لإيران نفسها، فلا العراق يقتدي بها، ولا سوريا تحاكيها، وإن تفرد حزب الله بتقليده للولي الفقيه مذهبيا، مع أنه يعلم أن النظام التعددي اللبناني لا يشي بقبول **"خلافة إسلامية"** كما يحلم متشددون سنيون، ولا بدولة حزب الله كما يُراهن بعض أتباع أو وكلاء **"ولي الفقيه".**

يبقى أن على السنة والشيعة الانتقال من حرب الفقهاء والمفتين إلى سلم القرآن والإسلام؛ سلم السياسة وبناء دول الشراكة، ما يعني ضرورة تحديث الخطاب الإسلامي السياسي، تمهيداً لإنشاء دولة أكثر عصرية. والحال، أن حوار المذاهب السياسية في الإسلام أجدى الآن، وأهم، من حوار الأديان، بدعوى أن تطوير المحلي يفضي إلى عولمة، فيما هذه الأخيرة لم تفض حتى الآن إلى غير تدمير الإسلام من داخل جغرافيته السياسية وتاريخيته الأنثروبولوجية.

"حق الإمام في السلطة"

يستفاد من سجلّ **"الثورات"** في الإسلام، أن الحركات الدينية غالباً ما تنقلب إلى فتن مذهبيّة أو طائفية، وأن أهدافها السياسية تتحوّل بذلك إلى مثالات عقيدية تدور في مجالات اجتماعية نبذية منغلقة على ذاتها، متعادية في محيطها. ويستفاد من بحث هشام جعيط في كتاب: **"الفتنة"** أن مجال علي

الذي انطلق منذ "**اجتماع السقيفة**" يمكن وصفه بالاعتراضي، الرافضي للسلطة المقامة، والساعي إلى إقامة حكم ديني، يظنّ دعاته أنه "**إسلامي**" بامتياز، ما يعني أن الأنظمة الأخرى المقامة في بلاد المسلمين لا تتّصف بهذه الصفة القديمة، ولا تتطابق سياساتها مع معتقداتها.

ففي الإسلام المبكر، تحول "**مجال علي**" مرة واحدة إلى سلطة ظرفية جاء بها السيف وذهب بها السيف (مقتل علي)، وانبثق "**مجال علي**" مجدداً في "**شيعية ثورية**" تحولت ذاتيا إلى "**فرقة مذهبية**" في إسلام سياسي آخذ في التمذهب على إيقاعين: امتلاك السلطة وتأويل الدين سياسياً؛ فمنذ مقتل عثمان إلى مقتل الحسين بن علي، كان مجال الفتوحات يطغى على مجال الصراعات الداخلية بين المسلمين، ولكن دون اجتثاث جذوتها الاجتماعية وإجراء تسوية أو مصالحة سياسية تبعد شبح الحروب والفتن والثورات عن فضاء الجامعة (الأمة) المسلمة الآخذة في التكون والتوسع. مع مقتل الحسين تجدد مجال علي سياسياً حول "**حق الإمام في السلطة**" ونمت العقيدة الإمامية على قاعدة "**المعصومية**" التي تربط حكم المسلمين بحكم الله، والتي تجعل المعصوم مقدساً فوق البشر من مواليه ومن مناصبيه؛ أي ليس حرا في ألا يكون إماماً من جهة، ولا حراً في التخلي عن حقه الإلهي "**ولا عن مسار أسلافه**".

صراع عربي– أعجمي

ارتدت بعد الحسين المعصومية الإمامية الشيعية رداء العقيدة الاستشهادية والانتظارية معاً، وعلى إيقاعات التحولات السلطوية الكبرى، كان "**مجال علي**" يتحول إلى "**مجال الحسين**" باستبعاد المتحررين من سلالة الحسن بن علي الذي أجرى تسوية سياسية مع معاوية. وكان الصراع العربي والأعجمي على السلطة في الإسلام، يغري العلويين أو الطالبيين في الاستشهاد في سبيل الله والسلطة معاً ويدفعهم إلى المشاركة في الثورات والحركات الاعتراضية وحتى الاضطرابات والفتن، استرداداً لموقع مفقود أو استئنافاً لدور منشود (استبدال الخلافة بالإمامة على أمّة متفرّقة).

لكن مع الفشل السياسي المتراكم، منذ العهد الراشدي حتى نهاية العهد الأموي، لاحت بارقة أمل أمام الشيعة الطالبية — المنتمية إلى علي بن أبي طالب حصرا، والمطالبة بالسلطة لنفسها حصراً كحق إلهي (حق الوصي على الأمة كلها) — ما لبثت أن تبددت مع تغلب العباسية على الطالبية/ العلوية، ومع استئناف "**مقاتل الطالبيين**" على إيقاع عنفي غير مسبوق، الأمر الذي حول الشيعية الثورية إلى فرقة انتظارية تستشهد وتغرق في دمائها حتى "**ظهور المهدي**" واسترداد السلطة المفقودة المنشودة.

بعد الإنتظاريّة الناشطة، الديناميكية، ظهرت الانتظارية السلبية، التقوية التي تخفي مطلبها السياسي المعلن سابقا، وتعتمد التقية السياسية وحتى المذهبية (في العهد العثماني مثلاً) ولكنها تعي أهمية مجالها العلوي

/الطالبي/ الحسيني (حيث التشيع الثوري الحديث ينطلق من الحسين، لا من أبيه علي) الموزّع بين إمارات شيعية عربية وبين الدولة الصفوية، حيث شكّل التشيع الإيراني فاصلةً في تاريخ الإسلام.

في هذه الفاصلة التاريخية في مسارات الإسلام السياسي، شهد جبل عامل (لبنان حالياً) منذ مطلع القرن العشرين، ظهور الشيعية الإصلاحية، الممتدة من السيد محسن الأمين إلى السيد موسى الصدر، والمتحوّلة في الحرب إلى "**شيعية فوضوية**" ما لبثت أن تنظمت كمقاومة في المقاومة اللبنانية، وأعلنت وأخفت معاً إغراءات السلطة ورغبتها في إقامة "**جمهورية إسلامية**" ولو بغطاء ماروني (حزب الله وإميل لحود، ثم ميشال عون).

إذا كانت الإصلاحية الشيعية قد اعتبرت من كوارث الشيعية الثورية واعتمدت سياسة التقية والتسويات، فهل تعتبر الشيعية الثورية الراهنة وتدمج الإصلاحية والثورية في سياسة تسوية مبتكرة؟ أم أنها ستضيع الفرص المتاحة أمامها، فرصة الاندماج في السلطة، وفرصة المشاركة في الاقتصاد الوطني؟ أم أنها تراهن على تغييب الدولة الوطنية اللبنانية بدعوى الشراكة وتتحيّز الفرصة الحاسمة لإقامة "**دولتها**" — بالتفاهم مع إيران وسوريا — على شاطئ البحر المتوسط، وجها لوجه مع "**دولة إسرائيل**" والغرب؟([12])

_____

([12]) التشيع السياسي.. السلطة غاية والدين وسيلة — مقال — خليل أحمد خليل — جريدة العرب اللندنية — 21/ 10/ 2013 — العدد: 9355 — ص 13.

خلاصة بحث خليل أحمد خليل: "**إشكاليات الشيعة والسُّنة**"، ضمن الكتاب 81 (أغسطس 2013) "**إيران والإخوان.. توظيف الدين والسياسة**" الصادر عن مركز المسبار للدراسات والبحوث – دبي.

التشيّع حين يختنق بحبال السياسة!

سكينة المشيخص

تفكيك العلاقة بين الدين والسياسة ليس بالضرورة أن يتماس مع الفكرة العلمانية، وإنما يضع صورة كليَّة تحدد الأدوار في حياة الإنسان، فالتدين لازم معنوي من لوازم الذات، وهو سلوك تعبّدي وعقدي يربط الخالق بالمخلوق، تمامًا كما نقيس ذلك في صورة مبسطة على قول طلبة بك مرزوق لعامر وجدي في رواية "**ميرامار**" لنجيب محفوظ: "**كيف لا أؤمن بالله وأنا أحترق في جحيمه**"، ذلك الاحتراق هو الذي يعني القبول بالمسلمات الإلهية التي تمنح اليقين، وبالتالي استواء العقل في صورته الدينية، أما الصورة السياسية فهي المعنية بالتدبير وفقًا للثوابت، دينية أو اجتماعية، تتحقق بها المصالح العامة، وذلك يعني أن الدين يحتمل السياسة بأكثر من الصورة المعكوسة التي تتاجر بالدين في العمل السياسي.

الإسلام كدين احتمل عبر التاريخ فرقًا وجماعات طفحت في جميع العصور والعهود والحقب، وبشكل مفاهيمي أرجو أن يكون الفرق واضحًا بين العصر والعهد والحقبة؛ حتى تتضح الرؤية فيما نذهب إليه من تحديد جذور ونشأة الفرق والمذاهب؛ لأن هذه النشأة أصبحت بحسب المجريات التاريخية أصلاً من أصول هذا الدين، وعبر التاريخ كان العامل السياسي حاضرًا في نشأة كثير من الفرق أو الجماعات، ولذلك فإن العزف على الوتر الطائفي أو المذهبي إنما يأتي في إطار سياسي مطلق.

بعض الجماعات المعاصرة رفعت شعار **"القرآن دستورنا"** فيما الفكرة الدستورية تتناقض مع العبث بموجهات النص وتأويلاته، ولذلك فإن الأمر لا يعدو مزايدة من أجل الكسب السياسي، وتوظيف الدين في العملية السياسية، وهو أمر يشمل جميع المكونات والفرق التي تزعم بانتمائها الديني، ومن بينها الحالة الشيعية، وهناك كثير من الظروف والمتغيرات السياسية عبر العصور والعهود التاريخية التي قدّمت التشيع في صبغة سياسية، ولا يصلح الدين أن يكون حبلاً لغسيل الطوائف والجماعات الدنيوي، ولكي نصل إلى الخلاصة بأن كل الجماعات والمذاهب والفرق التي احتكّت بسلوك يعزز انتشارها إنما مارست عملية سياسية ولأغراض سياسية ومنطلقات سياسية لا علاقة لها بالدين إلا عبر الشعارات والمزايدات الفكرية.

منذ وفاة الرسول الكريم، وبدء الدورة السياسية القائمة على الشورى، وما نتج عن السقيفة، لم تكن هناك فرق أو جماعات أو مذاهب،

وحتى وصول الخلافة إلى الخليفة الثالث كان الدين بخير، إلى أن دخل العامل السياسي ونمت بذرته بمتغيراتها إلى حالنا اليوم، وذلك ما يذهب إليه الدكتور حسن إبراهيم حسن في كتابه: "**تاريخ الإسلام السياسي والديني والثقافي والاجتماعي**" في الجزء الثاني الخاص بالعصر العباسي الأول، والذي يتناول فيه حالة الأحزاب في آخر العصر الأموي، ويشير إلى الشيعة في تصنيفه للأحزاب والجماعات بأن معركة كربلاء (61هـ) وحّدت صفوفهم، وأثارت فيهم الحماس للأخذ بثأر الحسين بن علي، كما أنها أذكت فيهم روح التشيع بعد أن كان رأيًا سياسيًّا نظريًّا (حول الخلافة)، والرأي السياسي النظري هو أساس كل شيء، ما يعوق المحاولات المستميتة لما يمكن أن نسميه "**تديين**" المذهب، وهو لا حاجة له في ذلك لأن الأتباع مسلمون أصالة وإن اختلفوا في فروع ورؤى بعينها مع غيرهم، وذلك يتجه بنا إلى تأكيد المفكر علي شريعتي بأننا حوّلنا الإسلام من ثقافة إلى أيديولوجيا، وذلك ما حدث بالضبط مع التشيع وغيره من المذاهب.

المفكر الإيراني علي شريعتي أكد أن تسييس التشيّع تم على يد الصفويين في إيران كجزء من لعبة كبرى أرادت رفع شعار آل البيت في مواجهة المد العثماني.

علي شريعتي في كتابه: "**التشيع العلوي والتشيع الصفوي**"، يؤكد على فكرة تسييس الدين، متخذًا التشيع نموذجًا، وهو مفكر شيعي بارز، وله رؤى

عميقة ومهمة في المجريات الدينية، وما سبق أن أشرت اليه سابقًا حول الحالة الظرفية والتاريخية التي اتجهت بجماعات معينة إلى التعاطي مع الدين من خلال الممارسة السياسية يؤكده في حديثه عن التشيّع الذي دخل حيّز التسييس، فهو يرى أن تسييس التشيّع تم على يد الصفويين في إيران كجزء من لعبة كبرى أرادت رفع شعار آل البيت في مواجهة المد العثماني.

ولن نذهب بعيدًا لنلمس دور إيران في إنشاء حزب الله، وهو حزب سياسي في إطار عملية سياسية تتجاوز القطري إلى المناطقي والإقليمي، متخذًا التشيّع كحاضنة دينية وفكرية لاستقطاب وتجنيد الأتباع، وفي حقيقته جزء من منظومة وسلوك سياسي كبير تعامل بالمعكوس الذي أشرت له في استهلال المقال من خلال توظيف الدين سياسيًّا، وذلك خطأ منهجي لا يمكن أن يستمر طويلاً، على نحو ما يقول به شريعتي في استعراضه للمسار التاريخي لتسييس التشيّع، فهو يشير إلى أن للتشيع حقبتين تاريخيتين مختلفتين، تبدأ أولاهما من القرن الأول الهجري، وهي التي كان يعبر فيها التشيع عن الإسلام الحركي مقابل الإسلام الرسمي الذي كان يتمثل في المذهب السني، ويمضي بهذه الحقبة إلى أوائل العهد الصفوي، فيما الحقبة الثانية تحول فيها المذهب الشيعي من تشيع حركة ونهضة إلى تشيع حكومة ونظام.

تسييس المذهب ليس فكرة عصرية أو في التاريخ القريب، وإنما كما أشرت لها امتدادها التاريخي، الذي ظلت تسنده وتدعمه الدولة الفارسية، ولا يمكن له أن يكون أمرًا دينيًّا على الإطلاق، حتى وإن ظهرت جماعات وفرق

سنِّية تتطلب مواجهتها بقناع طائفي، فالجميع سواء، ولكن الفكرة هي أن التشيّع مارس دورًا سياسيًّا لفكرة دينية تبدأ وتنتهي في إيران عبر العصور، وحين نبقى مع شريعتي في رؤاه نجد أنه خلال القرنين السادس عشر والسابع عشر كانت إيران تقع في منطقة خاصة من ناحية التقسيمات والاستقطابات العسكرية والسياسية في العالم، وكان من الطبيعي أن تتعامل مع الأحداث بموجهات سياسية توظف الدين للاستقطاب والاستقواء، وما يمكن أن يكون معقولاً في نظر شريعتي فيما يتعلق بطبيعة المنهج الشيعي ينتهي به إلى أن "**هذا المعقول أصبح في زماننا هذا لعبة بيد قوتين سياسيتين متشابهتين ومتخالفتين في آن واحد، وهما الدولة الصفوية والدولة العثمانية، وتحول بالتالي إلى أداة لزرع الأحقاد بين رعايا الدولتين، وإلى درجة تثير السخرية**".

ذات الأمر يمكن التوافق فيه مع ما يذهب إليه أحمد الكاتب في كتابه: "**التشيع السياسي والتشيع الديني**" بإشارته إلى أن ما قام به الإمام علي والحسن والحسين كان نوعًا من التشيع السياسي، ولم يكن ذا طبيعة دينية، وأن ما حدث من تحول هذا التشيع السياسي إلى نظرية الإمامة الإلهية لآل البيت شكَّل مادة خصبة للتفرقة بين المسلمين، وقد قرّر شريعتي أن "**كل رموز التشيع الموجود في إيران وشعائره، أدخلها الصفويون على يد طلائع الغزو الفكري الغربي؛ لكي يفصلوا إيران تمامًا عن الإسلام السني، الذي كان مذهب الدولة العثمانية عدوتها التقليدية، كما أن**

الصفويين قد ارتكبوا ذلك الخطأ الفادح بالتحالف مع الأوروبيين ضد العثمانيين، مما أودى بإيران وبالدولة العثمانية معاً"، واستخلاصه المثير للاهتمام هو أن الخلاف بين الشيعة والسنة هو في الأساس خلاف فكري وعلمي وتاريخي يرتبط بطريقة فهم حقيقة الإسلام، وقبل ذلك رؤيته بأنه لو خرجت كل المظاهر الدخيلة على التشيع فلن يبقى هناك أي خلاف يذكر بين مذاهب الإسلام، وذلك ما نحتاج إليه، أنه لا خلاف بين مذاهب الإسلام وأنها بحاجة إلى أن تتعامل بتقارب مستمر من أجل أن تجرّد الدين من العامل السياسي الذي تترتب عليه مصالح متناقضة تنتهي بالخلاف إلى اختلاف يصعب السيطرة عليه.(13)

---

(13) التشيّع حين يختنق بحبال السياسة! – سكينة المشيخص – مقال – مجلة المجلة اللندنية – 19/ 2/ 2014 – الرابط:
http://www.majalla.com/arb/2014/02/article55250

التشيع السياسي..قراءة في المفهوم

إذا كان من الممكن أن نميز في الإسلام بين مستويات ثلاثة: شعبية، ورسمية، وسياسية؛ حيث إن الإسلام الشعبي هو ذلك المرتبط بآليات التدين التقليدي، والإسلام الرسمي هو الذي تعبر عنه المؤسسة الفقهية والتي تعمل غالبا لصالح السلطة، والإسلام السياسي المرتبط بنظرية الخلافة / الإمامة، فإن مفهوم "التشيع السياسي" يقع في تماس بالغ مع هذه المستويات الثلاثة.

ولكن ما المقصود بالتشيع السياسي؟ هل التشيع هنا يرتد إلى جذوره التاريخية واللغوية فيفيد الولاء والانتماء على المستويين الديني والسياسي؟ أم المقصود به النظرية السياسية في المذهب الشيعي والتي تتمحور حول مسألة "الإمامة"؟ أم يُعنى بالتشيع السياسي أن ثمة ارتحالا قائما ما بين النظرية السياسية الشيعية ونظيرتها السنية تكون فيه الغلبة المفاهيمية للأولى على الثانية؟

أم المقصود بالتشيع السياسي أخيراً "**تمأسس**" فقهاء الشيعة مثلما الحال بالنسبة لفقهاء السلطان في التراث السني؟ في اعتقادي أنه من أجل

الوقوف على بنية هذا المفهوم الملتبس علينا أن نقوم بتفكيكه ثم نعيد صياغة موضوعه مرة أخرى وفق النتائج المترتبة على عملية التفكيك.

ومن أجل ذلك سنعمل على بيان الأوجه السابقة كلها، أي التشيع بمعنى الولاء، والتشيع السياسي في فكر الإمامية الاثني عشرية، وارتحال المفاهيم من هذا الفكر إلى النظرية السياسية السنية، وتمأسس فقهاء الشيعة في التجربة السياسية مقابل فقهاء السلطة في السياق السني وصولا إلى تحديد المعنى المقصود بالتشيع السياسي.

التشيع.. ولاء وانتماء

لم يكن التشيع في يوم من الأيام — ومنذ ولادته — محض اتجاه روحي، وإنما نما وترعرع في أحضان الإسلام السياسي، وذلك بوصفه أطروحة مواصلة الإمام علي (كرم الله وجهه) للقيادة بعد النبي — صلى الله عليه وسلم — فكرياً واجتماعياً وسياسياً على حد سواء، ولم يكن بالإمكان — بحكم الظروف التي لازمت نشأة التشيع — أن ينفصل الجانب الروحي عن الجانب السياسي تبعاً لعدم انفصال أحدهما عن الآخر في الإسلام ذاته، فيما يقرر السيد "**محمد باقر الصدر**" في كتابه "نشأة التشيع والشيعة" والذي يذكر أنه لا يمكن للتشيع أن يتجزأ إلا إذا فقد معناه كأطروحة لحماية مستقبل الدعوة بعد النبي (صلى الله عليه وعلى آله)، هذا المستقبل الذي

ظل بحاجة ماسة إلى المرجعية الفكرية والزعامة السياسية للتجربة الإسلامية معاً.

كان الولاء لأهل البيت إذن تجسيدا فعليا لحركة التشيع وقد رافق هذا الولاء والانتماء مسيرة الحركة منذ بدايتها وحتى الآن؛ حيث تشكل على نطاق واسع للإمام علي (كرم الله وجهه) في صفوف المسلمين باعتباره الشخص الجدير بمواصلة دور الخلفاء الثلاثة في الحكم، وهذا الولاء هو الذي جاء به إلى السلطة عقيب مقتل الخليفة عثمان (رضي الله عنه)، وهو ما عبر عنه الإمام بقوله: **"فما راعني إلا والناس كعرف الضبع إلي ينثالون من كل جانب... مجتمعين حولي كربيضة الغنم".**

فما طبيعة هذا الولاء وماهيته؟ هل هو ولاء روحي محض أم ولاء سياسي ظل مرتهنا إلى الحقبة التصادمية التي عرفت آنذاك وفيما بعد بالفتنة الكبرى؟

تؤكد المرجعية الشيعية أن هذا الولاء لم يكن تشيعاً روحياً ولا سياسياً، لأن التشيع يؤمن بعلي كبديل عن الخلفاء الثلاثة وخليفة مباشر للرسول (صلى الله عليه وسلم)، ومن ثم فالولاء له كان أوسع نطاقا في صفوف المسلمين من التشيع الحقيقي الكامل، فالتشيع الروحي والسياسي وإن نما داخل إطار هذا الولاء، إلا أنه لا يمكن اعتباره مثالاً على التشيع المجزأ، كما أن تمتع الإمام علي بولاء روحي وفكري من كبار الصحابة في عهد

أبي بكر وعمر – رضي الله عنهما – من قبيل: سلمان، وأبي ذر، وعمار، وغيرهم، لا يعني أيضا أنه كان تشيعاً روحياً منفصلاً عن الجانب السياسي، بل يعد تعبيراً عن إيمان أولئك الصحابة بقيادة الإمام علي للدعوة بعد وفاة النبي فكرياً وسياسياً؛ حيث انعكس إيمانهم بالجانب الفكري من هذه القيادة في الولاء الروحي، كما انعكس إيمانهم بالجانب السياسي منها في معارضتهم لخلافة أبي بكر وللاتجاه الذي أدى إلى صرف السلطة عن الإمام إلى غيره.

ولم تنشأ في الواقع، بحسب الفكر الشيعي، النظرة التجزيئية للتشيع الروحي بصورة منفصلة عن التشيع السياسي، ولم تولد في ذهن الإنسان الشيعي، إلا بعد أن استسلم إلى الواقع، وانطفأت جذوة التشيع في نفسه كصيغة محددة لمواصلة القيادة الإسلامية في بناء الأمة، وإنجاز عملية التغيير الكبيرة التي بدأها الرسول (صلى الله عليه وسلم)، لتتحول إلى مجرد عقيدة يطوي الإنسان عليها قلبه، ويستمد منها سلوته وأمله؛ فكيف حدثت هذه النقلة؟ وما مدى مسئولية الفقهاء والسلطة معا فيما يتعلق بحدوثها؟

التشيع السياسي عند الإمامية

سعت النظرية السنية في الإمامة إلى "**عقلنة**" منصب الخليفة، وذلك بالتأكيد على آلية الاختيار واعتماد مبدأ الشورى في نظام الحكم، وفي المقابل عملت النظرية السياسية لدى الشيعة على تأكيد الإمامة بواسطة "**النص**"؛ ولهذا فإن القطيعة ما بين النظريتين في هذا الإطار تعد جزءاً من سياق قطيعة

مفهومية أعمق تتراوح ما بين المفهوم "**المدني**" للإمامة، بحسب النظرية السنية، والمفهوم "**الثيوقراطي**" المقابل لها في الفكر الشيعي.

تتباين رؤى الفريقين تبعا لاختلاف منطلقيهما: ففيما تصف الإمامية الاثني عشرية الإمام بالعصمة وتسمه بعدم الخطأ أو جواز النسيان، تنزع النظرية السنية العصمة عن إمامها، ولو نظريا، مؤكدة أن الأمة تقف من ورائه على الدوام تسدده وتقومه وتنبهه إلى مواقع الخطأ ومواضع الزلل في الأحكام، معتبرة إياه موكلاً أو نائباً عن الأمة والتي لها الحق، كل الحق، في أن تخلعه أو تستبدل به غيره... إلخ. أي إن العصمة، وفق المنظور السني، ترتحل عن شخص الإمام إلى كيان الأمة، وفقا لحديث النبي (عليه السلام): "**لا تجتمع أمتي على باطل**".

ينتج عن ذلك أن الإمامة المعصومة عند الشيعة، هي منصب ديني محض تستمر فيه، ومن خلاله، مهمة النبوة في حقلي التشريع وحفظ العقيدة من التحريف والتشويه وسوء التأويل، كما تضم إلى ذلك مهمة شرح وتفسير قواعد الشريعة ومجملاتها. واستناداً لذلك، لا تختلف الإمامة حسب هذا الفهم عن النبوة إلا في خاصية "**الوحي**"، أما ما عداها فالإمامة والنبوة سواء والنبي والإمام سيان.

في مقابل ذلك نجد النظرية السنية للإمامة – وعلى الرغم من طابعها ووظائفها الدينية – أقرب ما تكون إلى المنصب المدني، وبحسب الباقلاني فإن

مهام الإمام تتمثل في "تدبير الجيوش وسد الثغور وردع الظالم والأخذ للمظلوم" [مهام / سلطة أمنية] وإقامة الحدود [مهام / سلطة تنفيذية] وقسم الفيء بين المسلمين [مهام / سلطة تشريعية] والدفع بهم إلى حجهم وغزوهم [مهام / سلطة دينية وعسكرية]، فهذا الذي يليه ويقام لأجله".

تبدو القطيعة ما بين النظريتين هنا على كل من المستوى الفقهي الكلامي ومستوى الفقه السياسي، كما لو كانت قطيعة ما بين نظريتين للدولة هما: النظرية "الثيوقراطية"، "الميثولوجية" لدى الشيعة، والنظرية "المدنية" "المعقلنة / المعصرنة" عند أهل السنة.

ففيما تولد الأولى باستمرار مفاهيم وتصورات أسطورية وتكررها، تعيد الثانية إنتاج ذاتها وفق إملاءات العصر وظروفه السياسية والاجتماعية، أي إنها "**تشرعن**" الواقع وتبرره مولدة أكثر التصورات دنيوية عن الإمامة، على الرغم من تسرب بعض آليات الهالة الميثولوجية وارتحالها من الإطار الشيعي إلى محيط الخيال السني لظروف تاريخية وسياسية وفكرية.

فإذا كانت النظرية الشيعية بمخزونها "**الميثولوجي**" الواضح تقوم برفض قاطع لـ"**عقلنة**" الإمامة (أي إنكار ما تجسد منها في التاريخ من شورى واختيار باسم النص) فإن النظرية المدنية / السنية تنطلق على العكس من ذلك من المفهوم (الدنيوي / الزمني) للإمامة وكانت في تمسكها بهذا الدنيوي

محكومة بإضفاء الشرعية على السلطان المتغلب لدرجة أنها أجازت إمامة الغلبة والاستيلاء وبلغ "**تمأسس**" فقهاء السنة حدا أفضى في النهاية إلى انتفاء شروط الخلافة وعلى رأسها شرط العدالة، والتساؤل الذي يفرض نفسه وبقوة هنا هو: هل بقي فقهاء الشيعة بمنأى عن حالة التمأسس هذه؟ أم أنهم وفي ظروف مشابهة وتحت وطأة الاشتغال بالسلطة جاروا فقهاءَ السلطان في نزعتهم النفعية؟

تمأسس فقهاء الشيعة

بلغ تمأسس الفقهاء في النظرية السنية حد إجازة عقد الإمامة برجل واحد من أهل الحل والعقد، وفي حالات معينة خرج عن أي إطار للشرعية السياسية، حتى إن الغزالي، على سبيل المثال، أفتى بإقرار ولاية العهد لطفل ولما يبلغ أربع سنوات من عمره. ما حول الفقهاء إلى أيديولوجيي السلاطين واختزل مهمتهم في إضفاء الشرعية على حكم لا شرعي في الأساس ونزع الشرعية عن قوى المعارضة، ليس فيما يتعلق بمسألة جواز الخروج على الإمام الجائر، وإنما في أحقية الوجود بحد ذاته. ومن ثم فقد تم توظيفهم سياسيا لأقصى درجة ممكنة.

درجت السلطة السياسية على استخدام التحريم الديني واستغلاله في تصفية خصومهم حين لا يكون بوسعهم تجريمهم سياسياً، ويبدو أن انتظام فقهاء الشيعة غالبا في قوى المعارضة لم ينف عنهم سمة التمأسس في سياق

دولة التغلب القائمة على أطراف المركز السياسي للخلافة أو حتى داخل هذا المركز في بعض الأحيان.

إذن.. فقد أدى فقهاء الشيعة ومرجعيتها التشريعية نفس الأدوار والوظائف التي قام بها فقهاء السلطان، وتحولوا على نحو منظومي إلى جهاز كهنوتي / بابوي تابع للسلطة السياسية، وضمن هذا المنحى نصادف على سبيل المثال الشيخ علي الكركي (1465 – 1533م) الذي اعتبره الشاه الصفوي بمثابة صاحب الدولة الحقيقي ونائب الإمام الغائب مؤكداً "**أن على الجميع امتثال أوامره، فمعزول الشيخ لا يستخدم ومنصوبه لا يعزل**".

ففي إطار الدولة الصفوية – وهي دولة شيعية وفق مقاييس الفكر السياسي الشيعي الكلاسيكي – تكونت ولأول مرة ما يمكن تسميته بـ "**كنيسة الدولة الشيعية**" على نحو مؤسسي، لدرجة أباحت للمؤرخين وصف الكركي بأنه "**مخترع الشيعة**" لا التشيع. أي مخترع آليات الإيمان الشعبي التقليدي عند عامة الشيعة من مثل: إجازة السجود على التربة المحترقة بالنار، وتطوير مجالس التعزية في عاشوراء، وإضافة كل من الشهادة الثالثة وحي على خير العمل...إلخ. وهي، في جزء منها، بمثابة إعادة إحياء لمخترعات العصر البويهي (945 – 1055) والعصر المغولي إثر تشيع سلطان خدانبدة (ت 1316م)، ما يبرهن على أن الإسلام الشيعي الشعبي السائد ليس استمراراً لحركة التشيع بالمعنى الكلاسيكي، أي بمعنى الولاء لآل

البيت ونصرتهم، بقدر ما هو امتداد للتشيع الكنسي الكهنوتي السلطوي على وجه التحديد، مثلما هو الإسلام السني الشعبي السائد مجرد استمرار للإسلام السلجوقي الأيوبي العثماني، وليس امتدادا لإسلام الخلفاء الراشدين.

وفيما يتعلق بالفكر السياسي الشيعي.. فتنتفي شرعية قيام دولة إسلامية في عصر الغيبة، فالدولة المدنية يغتصب فيها الحاكم حق الإمام المنتظر؛ ما يفضي إلى تحول الإمامة فعليا إلى مرجعية روحية بحتة مقاربة لمرجعية بابا الفاتيكان على سبيل المثال. وهذا التحول يؤسس لازدواجية فيما يتعلق بالولاء الشيعي بحيث يكون ولاء الشيعي الديني محكوم بالإمام، أما ولاؤه السياسي فيكون للدولة المدنية مع الحكم عليها بأنها — وإن كانت عادلة — مغتصبة لحق الإمام الإلهي في الولاية الزمنية.

وضمن هذا السياق يقع تمأسس فقهاء الشيعة لدرجة أن الكركي — والذي فوضه السلطان الصفوي في نيابة الإمام الغائب — أرسل إلى الشيخ القطيعي وكان معارضا للسلطان برسالة يقول فيها إثر رفض الأخير هدية السلطان: **"أخطأت في ردها وارتكبت إما حراما أو مكروها، باركك التأسي بالإمام الحسن السبط في قبول جوائز معاوية مع أنك لست أعلى مرتبة من الإمام ولا السلطان أسوأ حالا من معاوية".**

تبعاً لذلك، يحاول منظرو **"ولاية الفقيه"** الإيهام بالمطابقة ما بين هذه الولاية وولاية الإمام المعصوم، وهو إيهام محكوم في الأساس باعتبارات

سياسية لا فقهية، فولاية الفقيه صيغة مستقلة تماماً عن صيغة الإمامة المعصومة، وعليه تنتفي عموميتها؛ ما يفضي إلى بطلان الأساس الشرعي الذي يقوم عليه مبدأ "**تصدير الثورة**" أو ادعاء الولاية العامة على جموع المسلمين.

أي إن الجمهورية الإسلامية الإيرانية لا تكتسب ─ والحالة هذه ─ الشرعية الأيديولوجية كدولة دينية، ولعل هذا هو السبب الرئيس في عزلة نظرية ولاية الفقيه "**المتمأسسة**" في كنيسة الدولة الشيعية ووقوعها في تعارض حاد مع السلفية السنية والشيعية على حد سواء كما لاحظ هادي العلوي.

وفيما يتعلق بمسألة تمأسس فقهاء الشيعة حديثاً علينا أن نتذكر ما قاله الإمام النائيني في رسالته: "**تنبيه الأمة وتنزيه الملة في وجوب المشروطة**"، والتي شكلت أيديولوجية الثورة الدستورية الإيرانية ضد جماعة "**أنصار المستبدة**" الذين رأى فيهم ضربا من الإكليروس الشيعي السلطاني، ولهذا وصفهم بأنهم "**عبدة الظالمين**" و"**علماء السوء**" و"**لصوص الدين مضلي ضعفاء المسلمين**"، ما يذكرنا بأوصاف علماء السوء التي قال بها السيد المسيح ونقلها الآجري في كتابه: "**أخلاق العلماء**" وأبو طالب المكي في كتابه: "**قوت القلوب**".

ويبدو النائيني كما لو كان كواكبي الشيعة، إذ يحدد هو الآخر الآلية القائمة ما بين الاستبداد السياسي والاستبداد / التمأسس الديني، والتي تقوم على المماثلة "**المخيالية**" ما بين المستبد والذات الإلهية.

تعني كلمة "**مشروطة**" في عنوان الرسالة الحكم الملكي المقيد بدستور وبرلمان مدنيين، إذ إن قضية الشيعي الكبرى تتمثل في سعيه الدائب لتحقيق وإقامة حاكمية الله على الأرض، وهو ما لا يتحقق، وفق منظوره، إلا بتوسط الإمام المعصوم، وما دام الأخير لا يزال في غيبته الكبرى فلا مناص من أن يحيا الشيعي ممزقا ما بين مملكة الأرض ومملكة السماء. أي في انتظار دائم لمستحيل لا يتحقق وأمل لن ينجز، وفي إطار هذا التمزق وسياقاته يرفض الشيعي الاحتكام إلى الطاغوت وسلطته الزمنية الغاصبة لحق الإمام المحتجب، فيحيا دائما على هامش السلطة، وربما خارجها، على الرغم من تضمنه داخلها، ما يفاقم من حالة تمزقه الحاد واغترابه المضني وتراوحه ما بين الروحي والزمني.

عمل أنصار المستبدة على استغلال كل آليات النظرية الشيعية من أجل شرعنة الواقع وإضفاء نوع من الشرعنة السلبية على السلطة الغاصبة، بدعوى عدم جواز النظر في الإمامة ما دام الإمام غائباً، وما دامت الأمة تقع فعلياً في عصر الغيبة.

واستناداً لذلك وزعت المنشورات الدالة على عدم جواز مداخلة الأمة في أمر الإمامة متسائلة: وما شأن الرعية والمداخلة بشئون الإمامة؟ مؤكدة أن انتخاب الرعية للمندوبين يعد من باب الاغتصاب للمقام، أي من باب المشاركة في اغتصاب حق الإمام في الولاية الزمنية.

وعلى النقيض من ذلك، وظف النائيني نفس الإشكالية / الآلية بطريق معاكس، في محاولة منه لشرعنة حق ولاية الأمة على نفسها في عصر الغيبة ما يقع على التضاد من نظرية **"ولاية الفقيه"**، حيث أكد أن هذه المسألة تقع ضمن الأمور الحسية لا ضمن التكاليف العمومية، أي إن ولاية الأمة على نفسها شأن سياسي لا ديني / شرعي، ما يقطع الطريق أمام تدخل فقهاء السلطة في المسألة برمتها.

ومن ناحية أخرى، إذا كان الشيعي غير مكلف في الأساس في إطار المعنى الفقهي للتكليف، بإقامة الحاكمية الإلهية حال استحالة تطبيقها والاكتفاء بانتظار أوبة الإمام المحتجب، فإنه مكلف شرعا، وهنا يستحضر النائيني آلية الشرعية المضادة، بأن ينخرط في العمل السياسي بتحويل السلطة المستبدة إلى سلطة ديمقراطية وبما ينسجم مع مصلحة الأمة؛ لأن السلطة المستبدة إنما تغتصب حقين معا: حق الإمام من جهة، وحق الأمة من جهة ثانية، في حين أن السلطة الديمقراطية المشروطة، حسب تصور النائيني، تغتصب حقاً واحداً فقط هو حق الإمام الغائب، وهو أمر لا مناص منه ما دام الأخير غائباً.

يوضح النائيني المسألة أكثر بقوله: "وبالجملة فإن المسألة مسألة
مجلس نيابي شوري يبحث في صالح الأمة ويقيم الوظائف اللازمة
لذلك... لا مسألة حكومة شرعية". فقد أراد أنصار المستبدة إيهام الأمة
بأن هذا العصر هو عصر خلافة الإمام، وأن المغتصبين مبعوثون، في حين لا
العصر عصر خلافة ومغتصبيها وليس الغرض من بعث المبعوثين إلا تحديد
الاستيلاء الجوري، فيما يوضح النائيني.

هكذا يفضي تمأسس فقهاء الشيعة إلى ضرب من التشيع السياسي
يتقاطع وفقهاء السلطة في التجربة السياسية السنية، كما يفضي فعلياً إلى نوع
من الإكليروس أو شعبة الاستبداد الديني على حد تعبير النائيني، والذي لا
يرى ثمة فرقاً ما بين السجود للفراعنة والطواغيت وانتظار الغفران من الباباوات
وبين الانقياد الأعمى للكهنوت حيث تتماثل السلطة الإكليريكية بنيوياً في
المجال الديني مع السلطة المستبدة في المجال السياسي مؤلهة الحاكم والمرجع
الديني.

وهو بهذا يركز على التواشج البنيوي بينهما أو التضايف
Caretation أي الاشتراط المتبادل بالعلاقة التواشجية، والتي تتجلى من
خلال مظاهر التقديس والتأليه على الصعيدين الديني والسياسي معاً، وفي
ضوء هذا نتفهم مدلول التشيع السياسي باعتباره يشير إلى حالة التمأسس
لدى فقهاء الشيعة.

يعني مفهوم التشيع السياسي إذن التنوعات الثلاثة التي عرضنا لها،
فيفيد أولاً معنى الولاء والانتماء، كما يعني ثانياً الارتحال القائم ما بين
النظريتين الشيعية والسنية في السياق السياسي والذي تكون الغلبة والتأثير فيه
للأولى على الثانية، ويقصد به أخيرا تمأسس فقهاء الشيعة في مقابل فقهاء
السلطة في التجربة السنية، وهكذا يفضي الفكر السياسي الإسلامي، شيعيا
كان أم سنياً، إلى قابلية تشكله أيديولوجيا على الصعيد النظري والعملي
معاً. وفي كلا الحالين، يحتاج الفكر السياسي الإسلامي إلى مراجعة شاملة قد
تفضي إلى استبعاد العديد من وسائله ومناهجه بحثا عن تنظير مختلف وتجربة
متنوعة.(^{14})

(^{14}) التشيع السياسي..قراءة في المفهوم – محمد حلمي عبد الوهاب – موقع
أون إسلام – 4/ 7/ 2007 – الرابط:
http://www.onislam.net/arabic/madarik/concepts
/98800-2007-07-04%2000-00-00.html

أطر المصلحة الوطنية السعودية وتطبيقاتها

محاولتنا لترشيد السياسة بإعطائها بعداً أخلاقياً من خلال رسم أطر عامة لمصلحتنا الوطنية منفصلة عن الواقع؛ لا تخدم في حقيقة الأمر مصلحتنا الوطنية والمنظومة الأخلاقية التي ننطلق منها.

أشار المقال السابق إلى أن مفهوم "**المصلحة الوطنية**" يعد مفهوماً مطاطاً وغائماً، ما يجعل تحديد المصلحة الوطنية على وجه الدقة أمراً صعباً بطبيعته، وهو تحد تواجهه جميع الدول بلا استثناء، نظراً لكون تحديد المصلحة هنا يتداخل بين عديد من العوامل ومنها التباين الفكري داخل الدولة ورؤية الدولة نفسها للعالم ولساحته السياسية وتعريفها لما تكمن مصلحتها فيه. ويشير مصطلح "**المصلحة الوطنية**" في أبسط تعريفاته إلى "**المنفعة**" المتوخاة لأي دولة كهدف نهائي لسياستها الخارجية، فالدولة في نهاية المطاف هي إطار تنظيمي بحدود جغرافية يجمع شعبا تحته ويعمل على تحقيق المنفعة لهم ودفع الضرر عنهم.

المصلحة الوطنية يمكن اعتبارها هنا بمثابة "**نجم الشمال**" للسياسة الخارجية لأي دولة، فهي تحدد وجهة السياسة ضمن مساحة متعددة الأبعاد. إلا أن تحديد الوجهة لا يعني بالضرورة تحديد الدرب الأمثل للوصول إليها،

وهو ما يزيد من تعقيد المسألة. المعضلة الرئيسية عند الحديث حول مصلحتنا الوطنية حاليا تبرز عند تقاطع الأطر العامة لهذه المصلحة مع تطبيقها على أرض الواقع.

تقوم السياسة الخارجية السعودية على عدة مرتكزات، لعل أبرزها وأهمها هو سياسة حسن الجوار، وعدم التدخل في شئون الغير، والحياد الإيجابي والمحافظة على الوضع الإقليمي القائم status-quo، بما يخدم أمن واستقرار المنطقة اللازمين لدفع التنمية. إلا أن الواقع الإقليمي يفرض أموراً عكس ذلك تماماً، فالدور الإيراني في المنطقة – على سبيل المثال – فرض على المملكة لعب دور أكبر في سياستها الخارجية، سواء في البحرين أو سورية أو لبنان، كما أن اختلاف وجهات النظر مع الإدارة الأميركية الحالية حول عدد من الملفات، ولعل أبرزها الموقف تجاه مصر عقب 30 يونيو، جعل المملكة تسعى لمصلحتها الوطنية بعيداً عن الأطر الاسترشادية والمرتكزات القائمة لسياستها الخارجية، وهو ما يدفع للتساؤل حول ما إذا كانت المملكة بحاجة اليوم لإعادة النظر في أطر مصلحتها الوطنية بما يتوافق مع أرض الواقع، كما هو فعلاً لا كما هو مأمول من أفكار نبيلة لا مجال لتطبيقها.

ترى المملكة على سبيل المثال منذ تأسيسها تلازماً بين مصلحتها الوطنية وبين دورها كقبلة المسلمين، وهو ما يفرض عليها دوراً رئيسياً في العالمين العربي والإسلامي، يضاف لذلك فائض الثروة الذي تتمتع به والذي أوجب عليها استخدام جزء منه لتثبيت مكانتها التاريخية والسياسية. وضمن

هذا الإطار فإن المملكة جعلت من قضية التضامن الإسلامي أحد أهداف سياستها الخارجية لما ينعكس هذا الأمر عليها بالإيجاب كدولة راعية في العالم الإسلامي، ويزيد بالتالي من قوتها ومكانتها إسلامياً وقدرتها على التأثير. إلا أن هذا الإطار العام للمصلحة الوطنية يصطدم بواقع سياسي قائم حالياً دفع المملكة لأن يتم تصويرها كراعية للإسلام السني سياسياً في العالم، ضمن تجاذب طائفي سني – شيعي استحوذ على الساحة السياسية. يبرز هذا الأمر بشكل جلي في حالة العراق – الدولة الأكثر نكبة بهذا التباين الطائفي – فالتطبيق السياسي على أرض الواقع يدفع المملكة لأن تقف موقفا مسانداً للسنة هناك نتيجة ما يتعرضون له، ونتيجة الضغط الداخلي الشعبي في المملكة والذي يرى أن المصلحة الوطنية تكمن في الوقوف خلف الاصطفاف السني العراقي. ولكن لأي مدى يخدم هذا الأمر مصلحتنا الوطنية على المدى البعيد؟ تختلف الإجابة بحسب تعريف المصلحة الوطنية نفسها، ومن يرى أن مصلحة المملكة الوطنية المثلى تتمثل في الحفاظ على دورها كدولة راعية في العالم العربي والإسلامي ربما يرى أن تقارب المملكة مع المكون العربي العراقي الشيعي يخدم المصلحة الوطنية بشكل أكبر وأكثر فعالية.

القول إن مصلحة المملكة الوطنية في سياستها الخارجية تكمن في الحياد الإيجابي لا يعكس التطبيق الفعلي على أرض الواقع، فالمنطقة اليوم ما عادت تقبل مثل هذا الحياد، وسياسة المملكة الخارجية أثبتت في عدد من القضايا – أبرزها سورية – أنها تسير على أرض الواقع في اتجاه يختلف عن

الأطر العامة التي رسمت في فترات سابقة. ويظهر هذا التباين بشكل أكبر حين المقارنة مع دولة مثل إيران، والتي تتبنى مشروعا سياسيا وعقائديا يجعلها - بغض النظر عن عدم صوابه - تحدد مصالحها الوطنية بشكل واضح كما في سعيها لأن تكون راعية التشيع السياسي عالمياً وأن تسعى لتوسيع دائرة نفوذها الإقليمي من خلال التدخل عبر جماعات محلية وعبر اللعب بورقة النفوذ العسكري. والسؤال هنا: هل المملكة تود أن تتحول في المقابل لراعية للسنة في العالم؟ بما ينطلي عليه هذا الأمر من انجذاب للعبة التي أوجدتها إيران نفسها، أم أن المصلحة الوطنية تنطلق من محددات أخرى أعمق من مجرد هذا الأمر؟

هذه المسألة تقود لنقطة بالغة الأهمية، وهي تعريف الدولة لنفسها، فالمصطلح الفرنسي المرادف لمصطلح المصلحة الوطنية raison d'etat والذي يعني حرفيا "سبب الدولة" يكشف حجم الهوة التي نعاني منها عند الحديث عن مصلحتنا الوطنية، فنحن لا نزال نعاني من فقدان هذا التعريف نتيجة غياب المشروع السياسي، وهو ما يقود بالتبعية أن تتحول السياسة الخارجية لمجرد رد فعل على المشاريع الأخرى التي تنطلق من محددات ثابتة، بدلا من أن تكون سياستنا نفسها انطلاقا من مشروع واضح المعالم. والتحدي الأبرز هنا أمام سياسة المملكة الخارجية في الفترة القادمة سيكون إعادة رسم أطر المصلحة الوطنية ضمن قواعد أكثر رسوخاً تنطلق من مشروع متصل بالواقع

وله رؤية تطبيقية على الأرض، لا مجرد مرتكزات تنطلق من شعارات وخطوط عامة رغم نبالة مقصدها.

السياسة في جوهرها لعبة تنافس بين الأمم، ويتحكم مفهوم "**ميزان القوة**" في هذه اللعبة، حيث يتم اعتبار أي فائض قوة لدى دولة ما خصماً من رصيد الدولة المقابلة، وهو ما يجعل الهدف الأساس لأي دولة على مسرح العلاقات الدولية هو الاستمرارية والبقاء. وللأسف، فإنه رغم التقدم الهائل للبشرية، وخاصة خلال القرن الماضي، لم يصل العالم بعد لمرحلة إيجاد إطار تنظيمي فعال للعلاقات بين الدول بعيداً عن هذا الإطار، وهو ما يؤسس في واقع الأمر لحالة النسبية الأخلاقية في السياسة. ومن ثم فإن محاولتنا لترشيد السياسة بإعطائها بعدا أخلاقيا من خلال رسم أطر عامة لمصلحتنا الوطنية منفصلة عن الواقع لا تخدم في حقيقة الأمر لا مصلحتنا الوطنية ولا المنظومة الأخلاقية التي ننطلق منها، بل على العكس، نحن نضيع بذلك نجم الشمال الذي من المفترض أن يهدينا في صحراء سياسة هذا العالم.([15])

([15]) أطر المصلحة الوطنية السعودية وتطبيقاتها – سعود كابلي – 18 / 11 / 2013 – الموقع الإليكتروني لجريدة الوطن السعودية (الوطن أون لاين) الرابط:
http://www.alwatan.com.sa/Articles/Detail.aspx?
ArticleId=18998

تخوف من امتداد التوتر الطائفي في العراق الى دول الخليج

حذر مراقبون ومشاركون في مؤتمر الدوحة للتقريب بين المذاهب الاسلامية الذي استضافته الدوحة من انعكاس للاقتتال السني الشيعي في العراق على دول الخليج حيث تعيش مجموعات شيعية كبيرة، خاصة في ضوء تعاظم النفوذ الإيراني.

وقال المفكر الكويتي عبد الله النفيسي على هامش المؤتمر الذي اختتم اعماله الاثنين "**في تقديري ، هناك خطر حقيقي وداهم على الخليج من فتنة طائفية**". وأضاف النفيسي أن إيران الشيعية "**تعيش الآن حالة من غطرسة القوة بسبب حرب لبنان والملف النووي وهذا الشعور امتد نحو شيعة الخليج**".

ووصف النفيسي منطقة الخليج بأنها "**من المناطق الرخوة سياسياً وثقافياً**" وأنها "**تعيش كالنملة ضمن محيط تتصارع فيه الفيلة**". وتابع "**الفتنة الطائفية اكتملت في العراق وإذا امتلأ الكاس لا بد أن يندلق على شريط النفط الممتد بين الكويت وسلطنة عمان**". واتهم النفيسي الانظمة الخليجية بالتباطؤ في معالجة هذا الوضع. وقال "**المؤسف ان انظمة الخليج تتحرك ببطء السلاحف ولا تواكب تسارع الاحداث**". وأضاف "**في المقابل لإيران مشروع استراتيجي يتجاوز الضفة الغربية للخليج، وإيران تنظر إلى هذه البقعة كتحصيل الحاصل**".

واعتبر العميد المساعد لكلية الشريعة في جامعة قطر يوسف محمود محمد أن "بعض الشيعة يعملون بقوة للتبشير بمذهبهم في الخليج". وتابع "إذا شعر شيعة الخليج بقوة نفوذهم مع تواصل المد الإيراني في العراق فإن ذلك سيؤدي إلى توتير الأجواء في بعض الدول الخليجية".

من جهته، اعتبر الداعية الاسلامي يوسف القرضاوي في الجلسة الختامية لمؤتمر تقريب المذاهب الاسلامية الذي عقد على مدى ثلاثة أيام، أن "التبشير الشيعي عملية مبرمجة ولها ميزانية ويقف وراءها اشخاص وقد وصلت حتى الى فلسطين".

وبعد مداخلات حامية للقرضاوي في المؤتمر اتهم فيها الشيعة بمحاولة نشر مذهبهم في بلاد سنية.

تضمنت توصيات المؤتمر الختامية دعوة إلى: "عدم السماح بالتبشير لمذهب التشيع في بلاد السنة او للتسنن في بلاد الشيعة". وكانت أجواء العنف الطائفي في العراق سيطرت على أعمال المؤتمر. وفي هذا السياق، قال الشيخ القرضاوي: "قطعاً لا بد من أن يكون هناك نوع من تاثير لما يحدث في العراق على المجتمعات الخليجية".

وكان الداعية القرضاوي أعلن بصفته رئيساً للاتحاد العالمي لعلماء المسلمين أن الاتحاد "قرر إرسال وفد إلى طهران "لمحادثة المسؤولين

هناك""، معتبراً أن "الذي يملك المفاتيح في تحريك الأمور في العراق هو إيران".

ومع أنه من منتقدي الدور الإيراني في العراق، يساند الشيخ يوسف القرضاوي حق ايران في امتلاك الطاقة النووية السلمية وقال: **"نحن مع إيران ونقاوم أي عدوان عليها"**.

ومن جهته، أقر سيد ضياء الموسوي عضو مجلس الشورى البحريني بأن **"بعض آثار ما يحدث في العراق ستصل إلى دول الخليج"**. لكنه قال **"لن يصل الأمر إلى حد الفتنة الطائفية لأن في الخليج حكومات ومؤسسات قوية يمكن من خلالها إيجاد كوابح"**.

وأشار الموسوي إلى النموذج البحريني حيث غالبية المواطنين من الشيعة، وقال: **"هناك برلمان ومجتمع مدني وحسينيات ومستوى حرية يقلل من مخاطر الفتنة"**. وأضاف: **"في الخليج عموماً، هناك توازن وتعايش، وإن كان هناك بعض التشكيات لدى أقليات شيعية هنا أو هناك"**. وأيد القرضاوي هذا التحليل وقال: **"البيئة الخليجية بما فيها من**

معطيات إيجابية تحول دون حدوث توترات طائفية".(^16)

"ا ف ب"

(^16) تخوف من امتداد التوتر الطائفي في العراق الى دول الخليج – تقرير اخباري – جريدة الدستور الأردنية – العدد رقم 17021 – السنة 48 – 27/ 11/ 2014م – الرابط :

http://www.addustour.com/14548/%D8%AA%D9%82%D8%B1%D9%8A%D8%B1+%D8%A7%D8%AE%D8%A8%D8%A7%D8%B1%D9%8A+*+%D8%AA%D8%AE%D9%88%D9%81+%D9%85%D9%86+%D8%A7%D9%85%D8%AA%D8%AF%D8%A7%D8%AF+%D8%A7%D9%84%D8%AA%D9%88%D8%AA%D8%B1+%D8%A7%D9%84%D8%B7%D8%A7%D8%A6%D9%81%D9%8A++%D9%81%D9%8A+%D8%A7%D9%84%D8%B9%D8%B1%D8%A7%D9%82+%D8%A7%D9%84%D9%89+%D8%AF%D9%88%D9%84+%D8%A7%D9%84%D8%AE%D9%84%D9%8A%D8%AC.html

نص وثيقة (شركاء في الوطن)

قدم شيعة المملكة العربية السعودية عريضة لمطالبهم إلى ولي العهد الأمير عبد الله بن عبد العزيز آل سعود في 30 أبريل/ نيسان 2003 تضمنت مطالب يرون أنها ضرورية لتحقيق المساواة الكاملة في المواطنة.

في ما يلي نص الوثيقة، وكانت الجزيرة نت قد تسلمت نسخة عنها من أحد أعضاء الوفد الذي قابل ولي العهد:

صاحب السمو الملكي الأمير عبد الله بن عبد العزيز آل سعود ولي العهد نائب رئيس مجلس الوزراء ورئيس الحرس الوطني، حفظه الله.

السلام عليكم ورحمة الله وبركاته..

انطلاقاً من المسؤولية الدينية والوطنية، ومن واجب التضامن والتناصح، وخاصة في هذه الظروف العصيبة، ولأن عزة الوطن وحماية وحدته مسؤولية مشتركة بين القيادة والشعب، لذلك نعرض أمام سموكم الكريم بعض هموم الوطن وتطلعات المواطنين ثقة منا برحابة صدركم واهتمامكم بوجهات النظر المخلصة والآراء الصريحة التي تستهدف الخير والصلاح، معلنين عن تضامننا مع وطننا وقيادته الكريمة في مواجهة الأخطار والتحديات.

وإننا إذ نثمن استقبال سموكم الكريم للنخب الواعية المثقفة من أبناء الوطن، نرى في ترحيبكم بمشروع الرؤية الذي قدموه لحاضر الوطن ومستقبله والذي تضمن أهم تطلعات المواطنين وطموحاتهم، مؤشرا طيبا يعمر القلوب بالأمل والرجاء.

ونستند في تقديمنا لهذه الرؤية على وعي وطني عميق وشامل يعتبر معالجة الحالة الطائفية في بلادنا من أبرز معالم عملية الإصلاح والتطوير، وينظر إليها كمسؤولية وطنية شاملة يشارك في معالجتها جميع أبناء الوطن.

أولاً – تعزيز وحدة الأمة

تواجه الأمة العربية والإسلامية في هذا الوقت أشد الأخطار والتحديات، فهناك حملة شعواء على مستوى العالم لتشويه صورة الإسلام والمسلمين، كما أطلق العنان للإجرام الصهيوني في الأراضي الفلسطينية المحتلة. وقد بدأت القوات الأميركية والبريطانية هجومها الواسع على العراق غير آبهة بمجلس الأمن والأمم المتحدة والرأي العام العالمي، وهي تلوح بتهديداتها لدول عربية وإسلامية أخرى.

إن الأمة مستهدفة الآن في مقدساتها ووجودها ومصالحها، والخطر محدق بالجميع على اختلاف مذاهبهم وتوجهاتهم، مما يستلزم وقوف الجميع صفاً واحداً أمام هذه التحديات العاصفة. بيد أن الخلافات والنزاعات

المذهبية الطائفية لا تزال معولا هداما لوحدة الأمة، وعائقا دون تماسكها وتضامنها، وشاغلاً لأوساط كثيرة من أبنائها عن قضاياهم المصيرية.

والمملكة العربية السعودية بما تمثله من موقع قيادي بارز في العالم العربي والإسلامي لاحتضانها الحرمين الشريفين، ولاهتمام قيادتها بالتضامن الإسلامي، يتوقع منها أن تقوم بدور فاعل لوأد الفتن الطائفية وتجاوز الخلافات المذهبية. إن العزوف عن القيام بهذا الدور وإفساح المجال لبعض التوجهات المذهبية التعصبية، أعطى الفرصة لتشويه سمعة بلادنا وإظهارها كطرف في الصراع.

فلا بد من وقفة تأمل واعية تزيل هذا الالتباس وتبرز الوجه المشرق لبلادنا كقبلة لجميع المسلمين، وراعية للتضامن الإسلامي، وتجنبها المواقف العدائية من أتباع المذاهب المختلفة.

وفق رؤيتنا، فإن مما يساعد على تحقيق ذلك التالي:

الإعلان الصريح عن احترام المملكة لجميع المذاهب الإسلامية، ومنها المذهب الشيعي.

الانفتاح على مختلف المذاهب الإسلامية وتمثيلها في المؤسسات الإسلامية التي ترعاها المملكة، كرابطة العالم الإسلامي، والندوة العالمية للشباب الإسلامي، والمجلس الأعلى للمساجد، وهيئة الإغاثة الإسلامية العالمية وغيرها من المؤسسات التي تعنى بالشأن الإسلامي والإنساني العام.

تشجيع تواصل علماء الدين في المملكة مع سائر علماء المسلمين من المذاهب الأخرى، والعمل على ما يحقق التقارب والتعارف بين المذاهب الإسلامية. ويمكن الاستهداء في هذا المجال بميثاق الوحدة الإسلامية الصادر عن مجمع الفقه الإسلامي، قرار رقم 98 (11/1) بتاريخ 25 رجب 1419.

وبإستراتيجية التقريب بين المذاهب الإسلامية التي وضعها خبراء في المنظمة الإسلامية للتربية والعلوم والثقافة (إيسيسكو).

ثانياً – الوحدة الوطنية

إن التطورات والتحولات التي تجري في المنطقة والعالم اليوم تكثف الضغوطات التي تقف خلفها القوى الدولية والتي تتحدث بصراحة عن تغيير الخارطة السياسية في المنطقة، وعن تفكيك الكيانات وتجزئة البلدان. ولا بد في مواجهة هذه الضغوط من التأكيد على الوحدة الوطنية، وتعزيزها وتفعيلها على المستوى العملي بما يضمن حماية الجبهة الداخلية وصلابتها، ويمنع اختراقات الأعداء، ويفشل محاولاتهم لإثارة أي توجهات انشقاقية خاطئة.

صاحب السمو الملكي:

إن المواطنين الشيعة في المملكة هم جزء أصيل لا يتجزأ من كيان هذا الوطن الغالي، فهو وطنهم النهائي لا بديل لهم عنه، ولا ولاء لهم لغيره، وهم من بادروا إلى الانضواء تحت رايته الخفاقة حينما رفعها الملك المؤسس

عبد العزيز طاب ثراه دون تمنع أو تردد، ووضعوا كل إمكاناتهم وثرواتهم في خدمة بناء الوطن، متطلعين إلى العدل والأمن والمساواة والاستقرار.

وهم في هذه الظروف العصيبة يؤكدون ولاءهم الوطني، ومن واقع حرصهم على الوحدة الوطنية وغيرتهم على مستقبل الوطن وتقدمه، يرون ضرورة المعالجة السريعة لهذه القضايا التي سبق أن رفعوها مرارا وتكرارا لسموكم الكريم، ولسائر المسؤولين الكرام.

1 — يتطلع المواطنون الشيعة لمساواتهم مع بقية المواطنين، بإتاحة الفرص أمامهم لخدمة وطنهم في مختلف الميادين والمجالات، حيث لا تزال مستويات ومرافق عديدة من أجهزة الدولة ووظائفها تستثني المواطنين الشيعة من العمل فيها، كالمجال العسكري والأمني والدبلوماسي، وتحرم المرأة منهم من تقلد مناصب إدارية كما هو الحال في إدارة تعليم البنات بوزارة المعارف. وذلك لون من ألوان التمييز الطائفي الذي لا تقره الشريعة الإسلامية ولا المواثيق الإنسانية، ويشكل حرمانا للمواطنين الشيعة من حق طبيعي، كما هو حرمان للوطن من الاستفادة من طاقات أبنائه وكفاءاتهم.

لقد أتاحت فرص التعليم التي وفرتها الدولة نمو القدرات والكفاءات المؤهلة من أبنائهم كسائر المواطنين. ومما يؤدي إلى الإحباط والألم عدم تمتع الكفاءات الشيعية بتكافؤ الفرص مع أمثالها التي تشق طريقها إلى مختلف المواقع والمناصب في الدولة، حيث يهمش هؤلاء بسبب انتمائهم المذهبي.

ولمعالجة هذا الأمر نقترح ما يلي:

اهتمام المسؤولين بالتأكيد الصريح على المساواة بين المواطنين على اختلاف مناطقهم ومذاهبهم.

تشكيل لجنة وطنية عاجلة ذات صلاحية بمشاركة عناصر مؤهلة من الشيعة للنظر في واقع التمييز الطائفي ومعالجته بتمثيل المواطنين الشيعة في المناصب العليا للبلاد كمجلس الوزراء، ووكلاء الوزارات، والتمثيل الدبلوماسي، والأجهزة العسكرية والأمنية، ورفع نسبة مشاركتهم في مجلس الشورى.

تجريم وإدانة أي ممارسة للتمييز الطائفي قد تصدر من بعض المغرضين والمنتفعين في أي موقع، وسن القوانين اللازمة لذلك وإلغاء كافة التعميمات والإجراءات الإدارية السابقة المؤدية للتمييز.

وقف كافة الإجراءات الأمنية التي لا تستند إلى قانون كالاعتقال والمتابعة والاستجوابات والمنع من السفر والتوقيف عند الحدود والتفتيش الشخصي بما يرافقه من إهانات، والعمل على إزالة آثار الاعتقالات السابقة.

2 — تعاني بلادنا من وجود توجهات مذهبية تعصبية تثير الكراهية والبغضاء تجاه المذاهب الإسلامية الأخرى وأتباعها، وخاصة الشيعة، وتشيع الازدراء بهم، وتصل إلى حد التحريض عليهم واستهداف وجودهم ومصالحهم.

وتستفيد هذه التوجهات التعصبية من نفوذها ومواقعها الرسمية. فمناهج التعليم الديني في المدارس والجامعات يتكرر فيها وصف المذاهب الإسلامية الأخرى وآرائها — من الشيعة وغيرها — بالكفر والشرك والضلال والابتداع.

والبرامج الدينية في وسائل الإعلام الرسمية محتكرة لاتجاه مذهبي واحد يبث ثقافة الرفض للمذاهب الإسلامية الأخرى، والإساءة لمعتنقيها. وينطبق ذلك على غالب المؤسسات الدينية في البلاد كالمحاكم الشرعية، وهيئة الأمر بالمعروف والنهي عن المنكر، ومراكز الدعوة والإرشاد.

إن فتاوى تحريضية كثيرة قد صدرت من بعض هذه الجهات ضد المواطنين الشيعة، كما أن عددا كبيرا من الكتب والنشرات قد طبعت ووزعت — ولا تزال تطبع وتوزع — في هذا الاتجاه، فضلا عن الخطب والمحاضرات المتواصلة.

إن هذا الشحن الطائفي المستمر قد ربى أجيالاً على التعصب والحقد، وخلق أجواء من الكراهية والنفور بين أبناء الوطن الواحد مما يثير القلق على مستقبل الوحدة الوطنية والسلم والأمن الاجتماعي. وقد تستفيد قوى خارجية من تغذية هذه الأجواء واستثمارها ضد مصالح بلادنا، وليس بعيداً عنا ما حصل في بلدان إسلامية أخرى من احتراب أهلي وصراعات طائفية عنيفة.

في مواجهة هذا الواقع الخطير، نأمل من الدولة ما يلي:

وضع حد لهذه التوجهات والممارسات التعصبية، بدءا من مناهج التعليم ووسائل الإعلام وما يصدر عن المؤسسات الدينية الرسمية.

اعتماد سياسة وطنية تثقيفية تبشر بالتسامح والاعتراف بالتعدد المذهبي القائم فعلاً في البلاد، وتأكيد الاحترام لحقوق الإنسان وكرامة المواطن وحريته الدينية والفكرية.

إقرار إجراءات رادعة لتجريم وإدانة أي شكل من أشكال التحريض على الكراهية بين المواطنين، والإساءة لمذاهبهم الإسلامية المختلفة.

صدور إعلان صريح من قيادة هذه البلاد يؤكد احترام حقوق الشيعة في المملكة ومساواتهم مع بقية المواطنين.

3 — حينما تعترف الدولة بمواطنية مواطنيها على اختلاف منابتهم المذهبية والمناطقية، وتتحمل مسؤولية رعايتهم وحماية مصالحهم، فذلك يعني أن يتمتعوا في ظلها بحق التعبد بمذاهبهم وأداء شعائرهم الدينية، ولا يصح أن يكون ذلك الحق محصوراً بأتباع مذهب معين، بينما يتعرض الآخرون للضغوط والمضايقات في الالتزام بواجباتهم الدينية.

إن المواطنين الشيعة في المملكة ما زالوا يعانون من مختلف الضغوط والمضايقات في أداء شعائرهم الدينية، حيث يمنع عليهم بناء المساجد والحسينيات إلا بصعوبة بالغة، ولا يتمتعون بأي حرية على المستوى الثقافي،

حيث تمنع طباعة كتبهم ودخولها من الخارج، وإقامة أي مؤسسة ثقافية أو مركز ديني. كما انتقصت كثير من صلاحيات قاضيي محكمتي الأوقاف والمواريث في القطيف والأحساء بتدخلات المحاكم الشرعية الكبرى. وفي بعض المناطق كالمدينة المنورة يعاني فيها المواطنون الشيعة أشد أنواع الضغوط والمضايقات غير المقبولة ولا المبررة.

إن هذه الضغوط والمضايقات تشكل عامل إثارة وإزعاج كبير للمواطنين الشيعة، وانتقاصا من حقوقهم الإنسانية والدينية والوطنية، كما يعطي الفرصة للأعداء لتشويه صورة بلادنا وسمعتها.

ومن أجل معالجة هذه الإشكاليات نقترح ما يلي:

- استحداث جهة رسمية تابعة إدارياً لوزارة الأوقاف والشؤون الإسلامية على غرار محكمة الأوقاف والمواريث التابعة لوزارة العدل، وتكون هذه الجهة بإدارة علماء من الشيعة لتنظيم شؤونهم الدينية والثقافية تحت رعاية الدولة.

- إلغاء القيود والمضايقات على الشعائر الدينية وفسح المجال لطباعة ودخول الكتب والمطبوعات الشيعية، وضمان حرية التعبير.

- السماح للمواطنين الشيعة بحقهم في التعليم الديني وإنشاء معاهد وكليات دينية للتعليم حسب مذهبهم.

- تطبيق الأوامر الملكية القاضية بحرية المواطنين الشيعة في الرجوع إلى محاكمهم الشرعية، وإعطاء هذه المحاكم صلاحيات قانونية وتنفيذية مناسبة.

ونعرب أخيراً عن ثقتنا في اهتمام قيادة البلاد بالتطوير والإصلاح لمعالجة النواقص والثغرات، فالكمال لله وحده، والمطلوب هو السعي وبذل الجهد، وهذا ما تتمتع به قيادة البلاد إن شاء الله.

حفظكم الله ورعاكم، وحمى الله بلادنا من كل مكروه، وأدام عليها نعمة الأمن والإيمان في ظل رعاية خادم الحرمين الشريفين وسموكم الكريم والحكومة الموقرة.([17])

والسلام عليكم ورحمة الله وبركاته

رفعت بتاريخ 28 صفر 1424 هـ

الموافق 30 أبريل 2003م

([17]) نص وثيقة "شركاء في الوطن" – الموقع الإليكتروني لقناة الجزيرة (الجزيرة نت) – 3/ 10/ 2004 – الرابط:

http://www.aljazeera.net/specialfiles/pages/ACC5
D842–71E9–4E59–828B–6803B9B61E9B

وماذا عن نقد الإسلام السياسي "الشيعي"

نقد الإسلام السياسي "**السني**"، وهو ضروري ومشروع، لا يستقيم دون نقد الإسلام السياسي "**الشيعي**"، بدلاً من التغطية عليه وتبريره ومدحه.

ثمة مفارقتان في نقد تيارات الإسلام السياسي "**السنّي**"، على اختلافاتها، أولاها، أن نقد معظم التيارات العلمانية واليسارية والليبرالية والقومية لهذه التيارات لم يشمل، في أغلب الأحوال، تيارات الإسلام السياسي "**الشيعي**"، وكأن حزب الله اللبناني، والحوثيين في اليمن، وكتائب عصائب الحق ولواء بدر في العراق، وغيرهم من الجماعات الميليشياوية التي تدعمها إيران، مجرد حركات سياسية علمانية وحداثية وسلمية!

أما المفارقة الثانية، فتتمثل في أن تيارات الإسلام السياسي "**الشيعي**"، استمرأت هذا الدور، وتقمصته، إلى درجة أنها باتت بدورها تكيل الانتقادات والاتهامات لجماعات الإسلام السياسي "**السنّي**"، بنفس تعبيرات التيارات العلمانية واليسارية والقومية، باعتبارها جماعات تكفيرية ومتطرفة وعنيفة.

وربما ينبغي التوضيح هنا أن نقد الإسلام السياسي "السنّي"، وهو ضروري ومشروع، لا يستقيم دون نقد الإسلام السياسي "الشيعي"، بدلاً من التغطية عليه وتبريره ومدحه، وهو ما حصل في أغلب الحالات طوال العقود السابقة.

في باب المقارنة يمكننا، مثلا، ملاحظة أن الإسلام السياسي "السني" ليس له مرجعية كـ "الولي الفقيه" في إيران، وهي دولة خارجية، سواء كانت السعودية أو تركيا أو أندونيسيا. وأن الإسلام السياسي "السنّي" لا يشتغل كمؤسسة مهيمنة، ولا يوجد له تراتبية مشيخية، في طائفته المفترضة، على نحو الهيمنة المؤسسية لرجال الدين "الشيعة" في طائفتهم.

وفوق هذا وذاك فإن جمهور "السنة" أصلاً لا يعرف نفسه كطائفة، ربما لأنه لا يحتاج إلى ذلك لكونه أكثرية في مجتمعه. والأهم أن أي حزب، ولا حتى جماعة "الإخوان"، يستطيع إدعاء احتكار تمثيل هذا الجمهور، المنفتح على كل التيارات القومية والليبرالية واليسارية والعلمانية والدينية، كما أكدت التجربة، وكما ثبت في مصر وتونس وسوريا.

في المقابل تحرص إيران على احتكار تمثيل "الشيعة" مباشرة، بدعوى المرجعية الدينية لـ "الولي الفقيه"، أو من خلال حلفائها، بوسائل القسر والإغراء والمصادرة والإخفاء، كما جرى في لبنان والعراق. وحتى مثلما جرى في إيران سابقاً، بالتخلص من آية الله طالقاني وآية الله منتظري وأبوالحسن بني

صدر وفدائيي خلق ومجاهديها، إلى مير حسن موسوي ومهدي كروبي وهاشمي رفسنجاني، الأمر الذي حصل مثله في لبنان والعراق.

يمكن تفسير السكوت عن التيار الإسلامي "**الشيعي**" بحكم استخدامه قضية فلسطين، ومقاومة إسرائيل، لتغطية طابعه الديني والطائفي، ودوره في خدمة النفوذ الإيراني. بيد أن ذلك حصل، أيضاً، بفضل المجتمعات العربية، أو الأكثرية "**السنّية**"، التي لم تعرّف ذاتها بالطائفة، والتي كانت، بحكم تدينها المعتدل، تغلب المسألة الوطنية على أية مسألة أخرى، وهي بالذات الأمور التي أخفقت فيها إيران، والتيار الإسلامي "**الشيعي**"، كما دلت على ذلك السياسات التي تنتهجها من اليمن إلى لبنان مروراً بسوريا والعراق.([18])

([18]) وماذا عن نقد الإسلام السياسي "الشيعي" – مقال – ماجد كيالي – جريدة العرب اللندنية – العدد: 9720 – 27/ 10/ 2014 – ص 9.

الإسلام السياسي بشقيه الطائفي في بلدان الربيع العربي

دأب الإعلام العربي غداة الربيع العربي أن يركز على فتن وتطلعات الإسلام السياسي في جانبه الآخر (الإخوان)، ولاسيما بعد الثورة المضادة في مصر وانعكاسات تلك الأحداث في كل البلدان التي عصفت بها محاولات رياح التغيير سواء في ليبيا او تونس وكذلك اليمن وسواها. والقارئ المنصف يقف في حيرة من أمره عندما يسلط الضوء على حالة أحادية للإسلام السياسي في جانبه السني المعتدل أو المتطرف، ويتجاهلون طموحات جناحه الآخر الاسلام السياسي الشيعي ..

وبداهة فأن اللعب على أوتار الطائفية ليست وليدة اليوم، فقد شهدت أوروبا في العصور الوسطى صراعات طائفية ذهب ضحيتها آلاف الناس بين البروتستانت والكاثوليك تارة، وبين الأرثوذكس والكاثوليك تارة أخرى، قبل أن تتمكن أوروبا من حسم جدلية تداخل الدين في السياسة وكبح جماح دور الكنيسة واستطاعت أن تتحول إلى دول مدنية تقوم على أساس المواطنة المتساوية دون اعتبار للدين أو المذهب، أو حتى القومية، وبهذا فقد تمكنت من تحقيق الأمن والأمان والعيش الكريم لبناء مجتمع مزدهر ومتطور.

وقد لا يدرك البعض بأن قضية دور الإسلام في السياسة إعلامياً بأن تعود لما يقارب القرن من الزمن اذ يعود جذور هذا الجدل المحموم لقضية الإسلام السياسي إلى منتصف العشرينيات من القرن الماضي عندما نُشر كتاب: "**الإسلام وأصول الحكم**" للأزهري علي عبد الرازق جاء ذلك بعد صعود تيارات على أنقاض أفول نجم الخلافة العثمانية واستقلال البلدان العربية، حينها انقسم المثقفون العرب لتيارات شتى منها القومي، تيار المفكر العربي ساطع الحصري الذي كان له رؤية للقومية العربية، واصطف البعض لرؤية أسلمة السياسة وكانت بداية لتكوين تيار الإخوان المسلمين في مصر وسواها حتى اليمن، التي شهدت أول انقلاب للإخوان المسلمين برئاسة الإمام محمد الوزير وهو سليل أسرة هاشمية كانت لرفاقه رؤية ديمقراطية هو ابقاء الملكية في اليمن، ولكنه مقيدة دستورياً، ولهذا سميت: "**ثورة الدستور**" ولكنها وكان لها أخطاؤها حيث تم اغتيال الإمام يحي وهو في عمر متقدم وبصورة تآمرية غادرة مع رئيس وزرائه القاضي عبدالله العمري .

وضل الإسلام السياسي محصوراً على الجانب السني ليس لان أغلبية مسلمي العالم من السنة وتعتبر الطوائف والمذاهب الأخرى أقلية، ولم يبرز نجم الشيعة بصورة قوية إلا غداة الثورة الإسلامية في إيران نهاية السبعينيات، حينها تموضع الإسلام السياسي الشيعي وأصبح له مرجعية قوية ودولة طموحة لها رؤيتها الاجتماعية والسياسية ليس لإيران وحدها بل وللعالم الإسلامي بأكمله، ولهذا فطموحات ايران ونشر ثقافتها وأيدلوجيتها ليس

مقصورا على بلدان المشرق العربي بل وتوغلت في افريقيا واسياء الوسطى التي خرجت من رحم الاتحاد السوفيتي السابق تبحث عن هوية واستقطبت كل من تركيا السنية العلمانية وإيران الشيعية الثيوقراطية تلك الجمهوريات الإسلامية في وسط أسيا.

استهلت إيران إستراتيجيتها السياسية ذات الرؤية الفكرية الدينية المذهبية بافتعال الخصومة والعداء مع جارتها العراق، وكان لسوء الحظ أن العراق آنذاك تحت حكم حزب علماني قومي يختلف فكرياً بصورة جذرية عن تطلعات جمهورية إيران الإسلامية. وبالطبع كان للاعتبارات الدولية إبان الحرب الباردة دورا في إذكاء واستمرار تلك الحرب لثمان سنوات عجاف، ولم تضع تلك الحرب أوزارها إلا بعد ضغوطات داخل القيادة الإيرانية ذاتها عندما أجبر رجل ايران القوي آنذاك (حجة الإسلام هاشمي رفسِنجاني) الإمام اية الله الخميني بالتسليم بالأمر الواقع ووضع نهاية لتلك الحرب العجاف فوافق على مضض وشبه ذلك بأنه قد تجرع السمّ !

وغداة سقوط بغداد واحتلال العراق من قبل القوات الأمريكية كان ذلك نصراً مجانياً لإيران ومن سخرية الأقدار بأن الإمام الخميني لم يهناء بالتشفي من خصمه اللدود صدام حسين والقيادة العراقية والذين استضافوا الإمام الراحل في النجف الاشرف لأربعة عشر سنة، انتهت مألات السقوط المدوي لعاصمة العباسيين لتحول العراق لحظيرة إيرانية وكأن أمريكا قد سلمت بلاد الرافدين في طبق من ذهب لجارتها إيران.

بعد تحول العراق لفلك إيران زادت شهيتها في التمدد إقليمياً لبسط نفوذها السياسي في بلدان الخليج البحرين والمنطقة الشرقية في السعودية وكذلك في اليمن.

وغداة الثورة الإسلامية في إيران نهاية السبعينيات دأب البعض على ترديد مقولة بأن الإسلام السياسي السني هو مذهب السلطة، والشيعي مذهب المعارضة، وتوارى هذا الافتراض عبر محطتين غداة سقوط بغداد على يد الإسلام السياسي الشيعي ومؤخراً سقوط صنعاء على يد من يسمون بـ "أنصار الله"، والذين لم يظهروا في المشهد السياسي الا بعد أعادة الوحدة اليمنية وكان للرئيس اليمني السابق علي عبدالله صالح دوراً في صعود تلك الحركة التي، وذلك نكاية بالتيار الإسلامي الصاعد في شمال اليمن آنذاك في (دماج) وسواها فكان يضرب هذا بذاك، عملاً بسياسة فرق تسد، وقد أثمرت تلك السياسة بوصول اليمن لهذا الحال، لان الرئيس اليمني السابق لم يؤسس لدولة مدنية ولا لجيش وطني ولكن همه كان محصوراً في تثبيت ونظامه وإرساء فكرة التوريث الخ.

باغتت ثورات الربيع العربي الأنظمة العربية عندما انطلقت شرارتها الأولى من تونس التي كانت الوحيدة لنجاح ثورتها، بينما بقية البلدان التي عصفت بها محاولات رياح التغيير انزلقت في الفتن والصراع الطائفي والاستقطاب السياسي الذي ينذر بحروب أهلية ومخاطر التفتت والتقسيم تحت مسمى الفدرالية، والسؤل لماذا الفدرالية الآن: أليس جوهر صراع تلك

المجتمعات محصورة بين الحاكم والمحكوم وليست بين الشعوب والوطن، فما ذنب الأرض تقسم بسكاكين السياسة؟

كانت مألات وإفرازات الربيع العربي في البداية هو صعود الإسلاميين للسلطة وازدياد نفوذهم في أكثر من بلد ولاسيما مصر وكذلك في تونس وليبيا واليمن، ولأن مصر هي محور البلدان العربية وأكبرها إلا أن الإسلاميين في انتخابات ما بعد مبارك لم يفوزون إلا بأكثرية ضئيلة على منافسيهم وكان للطرف الآخر رؤية في أداء ذلك النظام الجديد فاندلعت ثورة مضادة بغض النظر عن أسبابها وتبريراتها، إلا انها أثمرت بتغيير النظام وسجن خصومهم، انعكس الأمر على عدة بلدان منها تونس وليبيا واليمن.

اللافت بأن الأعلام العربي بل والدولي يركز على مخاطر الإسلام السني وصحيح بأن هناك تطرف وإرهاب ممن يدعون بأنهم الأقرب للإسلام السني سوى (القاعدة) او (داعش) أو سواهما، إلا تلك الأبواق والآلة الإعلامية عربية أو دولية لا تتناول الإسلام الشيعي وخطورته وطموحاته بل ولان ورائه مرجعية ودولة فإيران تحتكر وتحصر المرجعية الشيعية في ولاية الفقيه، ونفوذها ليس فقط محصورا في الأقليات الشيعية في البلدان العربية بل وفي آسيا الوسطى فتلك البلدان التي خرجت من رحم الاتحاد السوفيتي السابق ولدت في التسعينات وكأنها بلدان خام تحن لماضيها القومي والديني والمذهبي فانجذبت أما لإيران أو لتركيا حسب القومية والمذهب..

بينما الجانب الآخر ليس لديه حتى دولة بعينها فقد تبرأت السعودية وبلدان الخليج وأصبحت في فلك الغرب بل وتتصدى لتلك الحركات الإرهابية.

إجمالاً، نقد التيار الإسلامي السني على اختلافاتها من قبل التيارات العلمانية واليسارية والليبرالية والقومية لم يشمل في كثير من الحالات تيارات الإسلام السياسي الشيعي وكأن حزب الله اللبناني، و(الحوثيين) في اليمن ، وكتائب (عصائب الحق) و(لواء بدر) في العراق، وغيرهم من الجماعات الميليشاوية التي تدعمها إيران.

الإشكال الآخر بأن أعلام تلك البلدان غدت تحاكي تعبيرات ومصطلحات التيارات العلمانية واليسارية والقومية، باعتبارها جماعات تكفيرية ومتطرفة وعنيفة، ولم يعد دور الإعلام المفترض في التقريب بين المذاهب والفُرقاء السياسيين، بل انحصر دوره في إذكاء تلك النعرات الطائفية والاستقطاب السياسي.([19])   *كاتب وسياسي يمني

([19]) الإسلام السياسي بشقيه الطائفي في بلدان الربيع العربي – مقال – عبد الوهاب العمراني – جريدة رأي اليوم اللندنية – 6/ 11/ 2014 – الرابط:

http://www.raialyoum.com/?p=174905

كيف ظهر الإرهاب الشيعي والإرهاب السني؟!

حينما نتحدث عن قضية عالمية كقضية الإرهاب فإننا لسنا بحاجة للتذكير ببعض البدهيات؛ أن الإرهاب لا مذهب له، ولا طائفة له، بل له أيديولوجيا واحدة ومنظومة فكرية متشابهة ومتشابكة. وعلى مدى سنواتٍ من الكتابة والبحث والتحليل كتبت عشرات المقالات التي انتقدت التطرف السني وتناولت تنظيم القاعدة. ولكن ومع الأحداث الإرهابية وجرائم الاعتداءات واستهداف رجال الأمن وأمن هذا الوطن واستقراره والتي صدرت من البعض في القطيف والعوامية هناك من حاول أن يوهم بعض ممن انطوت عليهم خديعة الطائفية وحاول أن يُجزّئ موقف الأمن طائفياً، وكأنما تناسى أو حاول عبثاً أن يُغيّب عن الناس كل جهود المملكة وأجهزتها الأمنية على مدى أكثر من عقد من الزمان في مكافحة الإرهاب والقضاء على تنظيم القاعدة وقادته من السنة.

إلا أن الباحث والمستبصر يدرك أن الإسلام السياسي الشيعي هو صنو الإسلام السياسي السني، بل إن الثورة الإيرانية كانت سبباً من أسباب تشظي الحالة الإسلامية ونزوعها نحو المشاريع السياسية وتشجيعها على ممارسة العنف، لهذا لا عجب أن ترعى إيران حركات الإسلام السياسي السني كما فعلت مع القاعدة وإيوائها لقاداتها، لأن المشروع واحد وإن اختلفت بعض الأفكار والأيديولوجيات والأولويات.

لا شك أن المنطقة تمر بمرحلة عالية الغليان، بسبب تحول الطائفية إلى هواء تتنفسه بعض المجتمعات، وإذا رجعنا إلى تاريخ بث الطائفية وبعثها من مرقدها سنجد أن وصول الإسلاميين إلى الحكم في إيران هو الشرارة التي أشعلت الفتيل. لم تكن المنطقة الخليجية ذات بعدٍ طائفي وهذا واضح لمن درس التاريخ الذي سبقنا منذ عقود سيعثر على نماذج من التعايش والجيرة بين البيوت والتكافل الاجتماعي والأسري والصلاة بأرضٍ واحدة. إلا أن بعث التسييس المذهبي من الرماد كان هو الأساس الذي أجّج الطائفية وأعاد بعثها وترسيخها من جديد.

ولاشك أن التطرف الإيراني المذهبي الذي يدعم من السياسة كان له الأثر البالغ في تأجيج الناس على بعضهم البعض. ومن يتصفح أي كتابٍ للتاريخ في الخليج قبل عقدين سيجد أن التعايش كان هو سيّد الموقف، بل لم يكن يعرف الجار أن جاره شيعي، ولم يكن الجار الشيعي يعرف أن جاره من السنة، كانت الغلبة لحسن الظنّ والأخوة والمحبة والوئام.

والمجتمعات التي تنتشر فيها الطائفية تحتاج كثيراً إلى العمل الفعلي للتعايش لا مجرد الكلام. بعض الرموز الذين دعوا إلى التعايش في فترةٍ مضت سرعان ما عادوا إلى مربعاتهم الأولى من التنابز بالألقاب ومن التحريض على الآخر، بل ومن الشتم.

برصد أي موقع إليكتروني أو التعليقات على مواقع التواصل الاجتماعي سنعثر على أساليب من الشتائم والتسويق للكراهية العلنية بشكلٍ لم يسبق له مثيل. إيران لم يكن لها أن تتمدد في الخليج نسبياً من دون الكراهية الطائفية، ولنعد إلى مفهوم **"تصدير الثورة"** إذا درسناه حقاً سنجد أنه يعني تحريض أهل المذاهب الأخرى على الالتحاق بهم، ومن لم يلتحق فهو من الخاسرين والخائبين، بل ومن المقموعين في البلدان.

إيران تدعي أن هناك مظلوميات في العالم العربي ضد الشيعة، ونسيت المظلوميات الخطيرة والكارثية التي تمارس في إيران ضد أهل السنة. والتطرف أساساً هو الخطأ الفاضح أن ينشر بأي مجتمعٍ من المجتمعات. إيران تضع عبء انتشار الطائفية على غيرها بينما تشجّع كل ما يعزز الطائفية. بل وتدعم الحركات السنية في العالم العربي والخليج التي تدور في فلك المؤامرة السياسية أو التخطيط للانقلاب السياسي. التصدير للثورة لا يمكنه أن يكون إلا بإطار طائفي، لأن الثورة الإيرانية ثورة طائفية وليست إنسانية كما يقال في بعض التصريحات والتحليلات.

والمسؤولية على أرباب الإعلام وأهل العلم والمعرفة والتفكير وعلى الأكاديميين من كافة الأطراف ألا يطرح التعايش على أنه من اللغو اللفظي بل لابد من التفاعل مع العالم وممارسة التعايش كخيار إنساني واجتماعي يحقق الأمن الوطني.

ولنا في الأمم الأخرى التي تحاربت فيما بينها ثم تآلفت خير مثال.

إذا أردنا أن نكون مواطنين حقيقةً بكل إنسانيتنا الراقية فعلينا أن نتعامل مع بعضنا كأفرادٍ لا كأعضاء في طائفة، هنا يكون الثراء للوطن والذات والمجتمع، وهذه ليست وصفة صعبة لكنها تحتاج إلى جهدٍ كبير، فهل نحن مستعدون؟!([20])

([20]) كيف ظهر الإرهاب الشيعي والإرهاب السني؟! – بينة الملحم – مقال – جريدة الرياض السعودية – 20/ 10/ 2014 –الرابط:

http://www.alriyadh.com/986510

<u>الغرب والعرب: عبث المفاضلة بين مذهبي الإسلام</u>

تعامل الغربُ مع الإسلام السياسي منذ بدايات القرن الماضي، وتعرّف إلى مدارس وتيارات ومشارب الجماعات الإسلامية من ضمن اشتغاله على منظومة الأدوات التي يهيمن من خلالها على عالم ما بعد العثمانية، ويقارع بها خصومه.

في عصر الحرب الباردة بدا واضحاً أن تحالفاً موضوعياً يجمع هذا الغرب مع الإسلام والإسلاميين، سواء من خلال المنابر الدعوية أو تلك السياسية. تنامت علاقات الغرب مع الدول الإسلامية في التصدي للإلحاد الذي تبثّه الثورة في روسيا على العالم. وفي تلك الورشة، ارتفعت حميمية العلاقات الغربية مع الجماعات الإسلامية، "إخواناً" وسلفيين وصوفيين... إلخ.

على قاعدة ذلك الوصل جرى توظيف الإسلام السياسي لمكافحة الحمى القومية اليسارية التي اجتاحت العالم وشكّلت المحوّر الأساسي للعالمثالثية، كما حصّنت ترابطاً بين الكيانات الحديثة الاستقلال والمركز الإمبراطوري للحلف الشرقي في موسكو. في المقابل، لم تجد تلك الجماعات حرجاً من نسج علاقات مع "**أهل الكفر**" الغربيين، ذلك أن الشيوعية، الملحدة عدوة الدين، باتت خطراً عاجلاً حقيقياً اخترق بمجتمعات المنطقة، كما أضحت، في يساريتها المكمّلة ديدن الأنظمة "**التقدمية**" في المنطقة.

تناقض الإسلام السياسي مع الناصرية في مصر، ومع نظام عبد الكريم قاسم ذي "**الانحرافات**" اليسارية في العراق، ومع نظامي البعث في دمشق وبغداد، ومع نظام الجماهيرية في ليبيا، ومع نظام الثورة في الجزائر... إلخ. تحوّل التناقض والخلاف والتباين إلى صدام مصيري علني كبير تنوّعت أشكاله وظواهره، من اغتيال حسن البنا وإعدام سيّد قطب في مصر، مروراً بالصدام مع "**الإخوان**" في سورية ومع حزب الدعوة في العراق والصدام مع الجماعة الإسلامية المقاتلة في ليبيا، وليس انتهاء بالصدام مع جماعات ما بعد "**الإنقاذ**" في الجزائر... إلخ، فيما تطورت أشكال هذا الصدام مع ظاهرة الأفغان العرب الذين جددوا في عودتهم من المعركة ضد الاحتلال السوفياتي الصدام التقليدي القديم مع الأنظمة الحاكمة هنا وهناك.

قادت الرياض في مقارعتها الناصرية في النصف الثاني من القرن الماضي، ورشة عالمية تتأسس على الإسلام كلبنة مشتركة تتجاوز الفكر القومي العروبي المتعلمن. وراج في السبعينات سلوك تعتمد من خلاله أنظمة الحكم على الإسلام السياسي في كبح جماح القوى اليسارية التي ازدهرت وباتت تشكّل قلقاً حقيقياً. بات على رأس السلطة في مصر "**الرئيس المؤمن**" (أيام السادات)، فيما توارى النظام السوداني خلف قوانين فرض الشريعة (أيام النميري). وفي إطار هذا المزاج توطّدت علاقات الغرب مع الأنظمة السياسية ذات البعد الديني، كما مع الجماعات الرديفة، فيما وصلت تلك العلاقات إلى أوجها في الحرب الأفغانية ضد الاتحاد السوفياتي.

أنِسَ الغرب لحراك الأمام الخميني كبديل لنظام الشاه في إيران. وجد الغرب في صعود الشيعية السياسية في إيران سداً موثوقاً ضد الاتحاد

السوفياتي. كانت الحرب الباردة هي المحدد الأول للخيارات، والتي على أساسها تتدخل واشنطن لإطاحة حكومة مصدّق وإعادة حكم الشاه في الخمسينات، وتتخلى عنه لمصلحة الحكم الإسلامي الجديد في نهاية سبعيناته.

بيد أن أزمة كبرى هددت سلاسة العلاقة التاريخية بين الغرب والإسلام السياسي. اصطدم الحكم الجديد في طهران مع الخيارات الغربية، كما اصطدمت الجماعات الجهادية ما بعد الانسحاب السوفياتي من أفغانستان مع تلك الخيارات. تفاقم هذا الصدام إلى درجة استراتيجية خطيرة في واقعة 11 أيلول (سبتمبر) في نيويورك وواشنطن. على أن التناقض الغربي مع السنّية والشيعية الجهادية لم يأتِ وفق رؤية موحّدة للجهاديين، بل وفق أجندات مختلفة، وظهر في ما بعد أنها متناقضة وتحمل بذور صدام بينيّ خطير.

يدرك الغرب في مقاربته للإسلام السياسي تباين مذاهبة وتضاد نهاياته. تمّ في خبايا العقل الغربي، إثر كارثة 11 أيلول تبني سبل تعتمد على إسلام سياسي مقابل إسلام سياسي آخر. استوطنت العقل الغربي قناعة تضع الجهادية السنّية بصفتها نقيضاً رئيسياً سرمدياً للغرب في هذا الشرق، فيما جرى التقليل من التناقض مع الإسلام السياسي الشيعي، ذلك أنه مرتبط بمصالح النظام الإيراني، وينشط تحت سقف طهران التي تمتلك، إذا أرادت، ضبط إيقاعاته والتحكّم بحركته.

شكّلت الحرب ضد العراق عام 2003 نموذجاً للمدرسة الغربية الجديدة في المنطقة. قدّمت تلك الحرب العراق لقمة سائغة لإيران، وقام النظام البديل متأسساً بصورة فجّة على الإسلام السياسي الشيعي بغضّ

النظر عما أنتجه ذلك من تهميش موجع أصاب السُّنّة ونخبهم. عقدت طهران وواشنطن شراكة مضمرة لإدارة الشأن العراقي، فيما منعت الولايات المتحدة، بما تمتلكه من نفوذ، الدوائر العربية المحيطة من التأثير في دواخل السياق العراقي المعتمد.

على أن إقامة "الصحوات" ضد "القاعدة" في العراق، شكّل العلامات الأولى لاضطراب طرأ على قناعات واشنطن إزاء الاعتماد كلياً على الشيعية السياسية. وبدا من خلال تصريحات الرئيس أوباما الأخيرة على الأقل، تراجعاً عن تلك السياسة، وتحميلاً لبغداد (التي دعمت واشنطن نظامها) مسؤولية تنامي المظلومية السنّية المفجّرة ظاهرة "داعش" وتوابعه.

وعلى رغم أن جبهة عالمية إقليمية تقوم لمكافحة الجهادية السنّية، بطبعة ما بعد القاعدة، وأن آليات الأمر تجرّ منطقياً مياهاً إلى طاحونة الشيعية السياسية، إلا أن ميكانزمات تلك الورشة حريصة على حرمان إيران من قطف محاصيل ذلك، على منوال ما حدث في العراق عام 2003، كما أن تأملاً غربياً لما آلت إليه الأمور بدأ يشي بتحميل إيران مسؤولية تفاقم حال الاحتقان السنّي في كل المنطقة (لاحظ قلق واشنطن من تنامي البيئة الحاضنة لـ "القاعدة" في اليمن إثر الزحف الحوثي على صنعاء).

وفيما تزعم الجهادية السنّية كما الشيعية براءتها من أي تقاطع في المصالح مع الغرب، فإن الفريقين يتأملان عن كثب موقف هذا الغرب في ترجيح كفة لمصلحة هذا وذاك. في ذلك تعيشُ المنطقة، في ظل فراغ في الزعامة والمشروع، حالة استسلام كامل لمزاج هذا الغرب وتبدّل خياراته في تنشيط ورشة ثبت منذ عقود أنها مسؤولة في شكل مباشر ومقصود عن حالة

التشظي والانقسام التي تصيب المنطقة. لا تنتج تلك الحالة عن خلافات أيديولوجية بين الجماعات، بل هي نتيجة مباشرة لتناقضات كبرى على مستوى أنظمة الحكم العربية مع نظام طهران.

في المحصلة، لم يعد التبسيط الغربي في التعامل تارة مع الشيعة وتارة مع السنّة سلوكاً آمناً وحذقاً. ولم تعد المهارة الغربية في اللعب على التناقضات بين طهران والعالم العربي، لا سيما دول الخليج، وسيلة مثلى للسيطرة على الفرقاء وفق ماكيافيلية "**فرّق تسد**". يستفيقُ الغرب فجأة على حقيقة أن المنطقةَ أضحت تمتلك مفاعيل ذاتية تهدد فوضاها الأمن الدولي برمته، وأن هذا الغربَ يواجه ربما أخطر أزمة في تاريخه الحديث، حيث يبدو واضحاً هزال الأوراق التي يمتلكها، مقابل غزارة تلك التي يملكها لاعبو المنطقة، أنظمة، وجماعات.([21])

([21]) الغرب والعرب: عبث المفاضلة بين مذهبي الإسلام — محمد قواص — مقال — جريدة الحياة اللندنية — 11/ 11/ 1024 — الرابط:

http://alhayat.com/Opinion/Writers/5626633/%D8
%A7%D9%84%D8%BA%D8%B1%D8%A8-
%D9%88%D8%A7%D9%84%D8%B9%D8%B1%D8%A8--
%D8%B9%D8%A8%D8%AB-
%D8%A7%D9%84%D9%85%D9%81%D8%A7%D8%B6%D9
%84%D8%A9-%D8%A8%D9%8A%D9%86-
%D9%85%D8%B0%D9%87%D8%A8%D9%8A-
%D8%A7%D9%84%D8%A5%D8%B3%D9%84%D8%A7%D9
%85

قائمة الموارد الواردة بالجء الثاني:

= شيعة الخليج.. لا فحم.. ولا فرقد – الدكتور محمد الرميحي – مقال – جريدة الشرق الأوسط – 23/ 4/ 2011 – الرابط:

http://classic.aawsat.com/leader.asp?section=

3&issueno=11834&article=618575#.VG0dSDTF82ال

سبت 19 جمادى الاولى 1432 هـ 23 ابريل 2011 العدد 11834

= الشيعة فى الخليج ...عندما تصطدم السياسة بالدين – محمد صادق إسماعيل – 3/ 3/ – 2012 – موقع المركز العربي للدراسات السياسية والاستراتيجية – الرابط:

http://acpss.net/site/index.php?go=news&mor

e=49

= الإسلام السياسي السعودي الشيعي... تيار الاصلاح الوطني – محمد الشيوخ – موقع ميدل إيست أون لاين – 18/ 5/ 2013 – الرابط:

http://middle-east-online.com/?id=155391

= شيعة الخليج وسؤال العلاقة مع الشريك الوطني – محمد محفوظ – موقع نصوص معاصرة (مركز البحوث المعاصرة في بيروت) – 21 /7/ 2012 – الرابط:

http://nosos.net/author/writer355

= أبحاث مؤتمر الحوار الوطني السعودي – تقرير حول مناهج التعليم الديني في السعودية.. المسألة الشيعية – موقع أون إسلام – 17 /2/ 2004 – الرابط:

http://www.onislam.net/arabic/newsanalysis/documents-data/releases-declarations/83778-2004-02-17%2017-34-31.html

= الخيال العقدي في تأسيس حزب الله السعودي – سكينة المشيخص – موقع مجلة أنحاء الأليكترونية – 12/ 6/ 2014 – الرابط:

http://www.an7a.com/141374

= الإبراهيم: السُّعار الطائفي أنتَجَه تحوُّل الجماعات المذهبية إلى جماعات سياسية – صحيفة الشرق السعودية – العدد رقم ٧٦٧ – صفحة ٢٠ – 9 /1/ 2014.

([1]) شيعة السعودية: لا انتماء لنا خارج الحدود – حوار مع فؤاد إبراهيم – الموقع الأليكتروني لقناة الجزيرة (الجزيرة نت) – قسم الدراسات والبحوث – 3/ 10 /2004 – الرابط:

http://www.aljazeera.net/specialfiles/pages/c1519a00-8f95-48f4-825e-586cb14d74d4

= التقرير الحقوقي الثاني 1 يناير 2006م – 30 ابريل 2007م – شبكة راصد الإخبارية – نقلاً عن موقع إسلام دايلي – الرابط:

http://www.islamdaily.org/ar/alsaudia/5597.article.htm

= تفوق "التشيع السياسي" وصعوده.. لماذا؟ – يوسف الديني – مقال – جريدة الشرق الأوسط اللندنية – 14/ 10/ 2014 – رقم العدد 13104 – الرابط:

http://www.aawsat.com/home/article/201001?archive=1&date=////04/25/2014

= حصاد 3 سنوات من ظلال "الربيع العربي" على العوامية والقطيف: عمائم «صحوية».. ورعيل جديد ينتقل من "التشيع السياسي" إلى "الثقافي" – تحقيق: محمد جزائري – صحيفة الاقتصادية الالكترونية – العدد: 7447 – 2/ 3/ 2014 – الرابط:

http://www.aleqt.com/2014/03/02/article_829625.html

= التشيع السياسي.. السلطة غاية والدين وسيلة – مقال – خليل أحمد خليل – جريدة العرب اللندنية – 21/ 10/ 2013 – العدد: 9355 – ص 13.

= التشيّع حين يختنق بحبال السياسة! – سكينة المشيخص – مقال – مجلة المجلة اللندنية – 19/ 2/ 2014 – الرابط:

http://www.majalla.com/arb/2014/02/article55250018

= التشيع السياسي..قراءة في المفهوم – محمد حلمي عبد الوهاب – موقع أون إسلام – 4/ 7/ 2007 – الرابط:

http://www.onislam.net/arabic/madarik/concepts/98800-2007-07-04%2000-00-00.html

= أطر المصلحة الوطنية السعودية وتطبيقاتها – سعود كابلي – 18/ 11/ 2013 – الموقع الإليكتروني لجريدة الوطن السعودية (الوطن أون لاين) الرابط:

http://www.alwatan.com.sa/Articles/Detail.aspx?ArticleId=18998

= تخوف من امتداد التوتر الطائفي في العراق الى دول الخليج – تقرير اخباري – جريدة الدستور الأردنية – العدد رقم 17021 – السنة 48 – 27/ 11/ 2014م – الرابط :

http://www.addustour.com/14548/%D8%AA
%D9%82%D8%B1%D9%8A%D8%B1+%D8%A7
%D8%AE%D8%A8%D8%A7%D8%B1%D9%8A+
*+%D8%AA%D8%AE%D9%88%D9%81+%D9%8
5%D9%86+%D8%A7%D9%85%D8%AA%D8%AF
%D8%A7%D8%AF+%D8%A7%D9%84%D8%AA
%D9%88%D8%AA%D8%B1+%D8%A7%D9%84
%D8%B7%D8%A7%D8%A6%D9%81%D9%8A++
%D9%81%D9%8A+%D8%A7%D9%84%D8%B9
%D8%B1%D8%A7%D9%82+%D8%A7%D9%84
%D9%89+%D8%AF%D9%88%D9%84+%D8%A7
%D9%84%D8%AE%D9%84%D9%8A%D8%AC.h
tml

= نص وثيقة "شركاء في الوطن" — الموقع الإليكتروني لقناة الجزيرة
(الجزيرة نت) — 3 /10/ 2004 — الرابط:

http://www.aljazeera.net/specialfiles/pages/A
CC5D842-71E9-4E59-828B-6803B9B61E9B

= وماذا عن نقد الإسلام السياسي "الشيعي" — مقال — ماجد كيالي —
جريدة العرب اللندنية — العدد: 9720 — 27 /10/ 2014 — ص 9.

= الإسلام السياسي بشقيه الطائفي في بلدان الربيع العربي — مقال — عبد
الوهاب العمراني — جريدة رأي اليوم اللندنية — 6 /11/ 2014 — الرابط:

http://www.raialyoum.com/?p=174905

= كيف ظهر الإرهاب الشيعي والإرهاب السني؟! — بينة الملحم — مقال

— جريدة الرياض السعودية — 20/ 10/ 2014 —الرابط:

http://www.alriyadh.com/986510

= الغرب والعرب: عبث المفاضلة بين مذهبي الإسلام — محمد قواص —

مقال — جريدة الحياة اللندنية — 11/ 11/ 1024 — الرابط:

http://alhayat.com/Opinion/Writers/5626633/
%D8%A7%D9%84%D8%BA%D8%B1%D8%A8-
%D9%88%D8%A7%D9%84%D8%B9%D8%B1%D8%A8--
%D8%B9%D8%A8%D8%AB-
%D8%A7%D9%84%D9%85%D9%81%D8%A7%D8%B6%
D9%84%D8%A9-%D8%A8%D9%8A%D9%86-
%D9%85%D8%B0%D9%87%D8%A8%D9%8A-
%D8%A7%D9%84%D8%A5%D8%B3%D9%84%D8%A7
%D9%85

www.ingramcontent.com/pod-product-compliance
Lightning Source LLC
Chambersburg PA
CBHW060333290526
45793CB00003B/607